L&PMPOCKETENCYCLOPAEDIA

Escrita chinesa

Série L&PM POCKET ENCYCLOPAEDIA

- ***Alexandre, o Grande*** Pierre Briant
- ***Budismo*** Claude B. Levenson
- ***Cabala*** Roland Goetschel
- ***Capitalismo*** Claude Jessua
- ***Cérebro*** Michael O'Shea
- ***China moderna*** Rana Mitter
- ***Cleópatra*** Christian-Georges Schwentzel
- ***A crise de 1929*** Bernard Gazier
- ***Cruzadas*** Cécile Morrisson
- ***Dinossauros*** David Norman
- ***Economia: 100 palavras-chave*** Jean-Paul Betbèze
- ***Egito Antigo*** Sophie Desplancques
- ***Escrita chinesa*** Viviane Alleton
- ***Existencialismo*** Jacques Colette
- ***Geração Beat*** Claudio Willer
- ***Guerra da Secessão*** Farid Ameur
- ***História da medicina*** William Bynum
- ***História da vida*** Michael J. Benton
- ***Império Romano*** Patrick Le Roux
- ***Impressionismo*** Dominique Lobstein
- ***Islã*** Paul Balta
- ***Jesus*** Charles Perrot
- ***John M. Keynes*** Bernard Gazier
- ***Jung*** Anthony Stevens
- ***Kant*** Roger Scruton
- ***Lincoln*** Allen C. Guelzo
- ***Memória*** Jonathan K. Foster
- ***Maquiavel*** Quentin Skinner
- ***Marxismo*** Henri Lefebvre
- ***Mitologia grega*** Pierre Grimal
- ***Nietzsche*** Jean Granier
- ***Paris: uma história*** Yvan Combeau
- ***Platão*** Julia Annas
- ***Primeira Guerra Mundial*** Michael Howard
- ***Relatividade*** Russell Stannard
- ***Revolução Francesa*** Frédéric Bluche, Stéphane Rials e Jean Tulard
- ***Rousseau*** Robert Wokler
- ***Santos Dumont*** Alcy Cheuiche
- ***Sigmund Freud*** Edson Sousa e Paulo Endo
- ***Sócrates*** Cristopher Taylor
- ***Teoria quântica*** John Polkinghorne
- ***Tragédias gregas*** Pascal Thiercy
- ***Vinho*** Jean-François Gautier

Viviane Alleton

Escrita chinesa

Tradução de Paulo Neves

www.lpm.com.br
L&PM POCKET

Coleção **L&PM** POCKET, vol. 844

Viviane Alleton, linguista e sinóloga, é diretora de estudos na École des hautes études en sciences sociales, Paris.

Texto de acordo com a nova ortografia.

Título original: *L'Écriture Chinoise*

Primeira edição na Coleção **L&PM** POCKET: fevereiro de 2010
Esta reimpressão: março de 2012

Tradução: Paulo Neves
Capa: Ivan Pinheiro Machado
Preparação de original: Elisângela Rosa dos Santos
Revisão: Joseane Rücker

CIP-Brasil. Catalogação na Fonte
Sindicato Nacional dos Editores de Livros, RJ

A43e

Alleton, Viviane
  Escrita chinesa / Viviane Alleton; tradução Paulo Neves. – Porto Alegre, RS: L&PM, 2012.
  128p. – (Coleção L&PM POCKET; v. 844)

  Tradução de: *L'Écriture Chinoise*
  Inclui bibliografia
  ISBN 978-85-254-1969-9

  1. Língua chinesa - Escrita. I. Título. II. Série.

09-4750.   CDD: 495.1
                            CDU: 811.581

© Presses Universitaires de France, *L'Écriture Chinoise*

Todos os direitos desta edição reservados a L&PM Editores
Rua Comendador Coruja 326 – Floresta – 90220-180
Porto Alegre – RS – Brasil / Fone: 51.3225.5777 – Fax: 51.3221-5380

Pedidos & Depto. comercial: vendas@lpm.com.br
Fale conosco: info@lpm.com.br
www.lpm.com.br

Impresso no Brasil
Verão de 2012

Sumário

Introdução
A escrita chinesa vista pelos autores europeus 7

Capítulo I
Escrita e língua 15

Capítulo II
Os caracteres 28

Capítulo III
Diferenças entre a língua falada e a escrita 51

Capítulo IV
Evolução dos estilos de escrita 69

Capítulo V
Arte e técnicas da escrita 87

Capítulo VI
Diversidade das línguas transcritas
    pela escrita chinesa 102

Capítulo VII
Transcrições alfabéticas do chinês 110

Referências 119

Introdução

A ESCRITA CHINESA VISTA PELOS AUTORES EUROPEUS

A ideia que um europeu pode formar intuitivamente da escrita chinesa resulta de circunstâncias históricas que convém lembrar aqui. Essa escrita não parece ter chamado a atenção dos primeiros viajantes ocidentais ao Extremo Oriente. No século XIII, o Império Mongol contava com comunicações relativamente eficazes da Europa até o Pacífico, e temos relatos de viagens como a de Guillaume de Rubruck, enviado por são Luís* à corte mongol: ele dedica apenas três linhas à escrita chinesa. Marco Polo nada diz a respeito dela.

Querer datar a chegada à Europa dos primeiros fragmentos de *textos* em caracteres chineses seria pura especulação – pode-se apenas imaginar a seda chinesa que Roma importava e que certamente não chegava sem alguma embalagem. Os Arquivos Nacionais da França possuem duas cartas enviadas por um príncipe mongol a Filipe, o Belo*, marcadas com grandes selos vermelhos com caracteres chineses. Parece que foi somente no século XVI que verdadeiros livros chineses chegaram às bibliotecas da França. Sabe-se, por exemplo, que o papa Leão X (1513-1521) possuía um livro chinês, que lhe fora presenteado pelo rei de Portugal.

Os europeus começam nessa época a se interessar pelas escritas exóticas. O padre José d'Acosta publica em 1591, em Lisboa, uma obra que será traduzida em francês com o título: *Histoire naturelle et morale des Indes, tant*

---
* Luís IX, rei da França de 1226 a 1270. (N.T.)
* Rei da França de 1285 a 1314. (N.T.)

orientales qu'occidentales [História natural das Índias, tanto orientais quanto ocidentais], na qual descreve ao mesmo tempo as escritas mexicanas e os caracteres chineses.

A partir dessa época, a natureza da escrita chinesa deu ensejo a múltiplas controvérsias em torno das relações dessa escrita com a fala, de um lado, e o desenho, de outro. Sem entrar no detalhe das teorias e das polêmicas, indicaremos os principais pontos de vista expressos e os termos utilizados para qualificar a escrita chinesa.

1. **Escrita e fala** – O uso corrente dos mesmos caracteres em todas as províncias da China, com falas diversas, e o fato de vários outros povos da Ásia, que falam línguas tão diferentes do chinês como o coreano, o japonês ou o vietnamita, empregarem normalmente a escrita chinesa não deixaram de impressionar a imaginação dos estudiosos no momento em que o latim perdia no Ocidente o seu valor de língua comum. Supôs-se que os caracteres chineses, empregados em várias línguas entre as quais não há intercompreensão oral, davam aos usuários de cada uma delas um acesso direto a textos escritos em outra língua. Assim, essa escrita teria funcionado como instrumento de comunicação universal. Isso não é certo. Contudo, homens como o filósofo Leibniz, que buscavam inventar uma "língua universal", código abstrato, racionalmente concebido, independente de todas as línguas em uso, acreditaram ver na escrita chinesa uma prova do fundamento de sua hipótese, segundo a qual uma escrita pode funcionar independentemente de toda referência à expressão oral. Para esses filósofos do século XVII, os caracteres chineses "não exprimem as letras nem as palavras, mas as coisas e as noções". No limite, eles apresentavam a escrita chinesa como um código artificialmente criado por uma sociedade muito evoluída para fins puramente intelectuais.

Diríamos hoje que eles interpretavam o sistema gráfico chinês como uma lógica formal. Esses europeus conheciam da escrita chinesa somente o que lhes informavam as cartas dos missionários jesuítas "da China", como se dizia então em vez de "na China". Eles estudavam particularmente os textos clássicos redigidos numa língua concisa, bastante afastada do chinês da época. Isso não explica, porém, como puderam fazer acreditar na Europa a ideia de uma escrita sem nenhuma ligação com a língua falada, sabendo-se que não haviam decifrado o chinês como uma língua morta, mas descoberto uma língua viva transmitida por aprendizagem, uma língua que eles mesmos falavam, assim como liam seus textos.

Os caracteres chineses foram chamados de *ideogramas* porque se supunha não terem relação fônica com uma língua falada e representarem diretamente ideias. Atualmente[1], as teorias que tendem a fazer das escritas antigas ou exóticas sistemas de signos independentes de toda língua falada não se sustentam mais.

Foi em 1836 que Peter S. Du Ponceau, sétimo sucessor de Benjamin Franklin na presidência da Sociedade Americana de Filosofia, redigiu na Filadélfia *A Dissertation on the Nature and Character of the Chinese System of Writing*, em que contesta vivamente o valor dado ao termo *ideograma* e demonstra que a escrita chinesa representa a língua chinesa, e não um sistema de ideias. Ele sublinha também que a compreensão da escrita chinesa entre povos de línguas diferentes supõe um mínimo de aprendizagem, pois o sentido dos caracteres não é evidente: não basta olhá-los para compreendê-los.

---

1. E isso depois que, no começo do século XIX, Champollion demonstrou que os textos hieroglíficos do Egito Antigo pertencem a uma língua verdadeira. Ver Madeleine V. David, *Le débat sur les écritures et l'hiéroglyphe aux XVIIe et XVIIIe siècles*, Paris, 1965 (Bibliothèque générale de l'École pratique des hautes études, VIe section). (N.A.)

2. **Escrita e desenho** – A abstração das formas gráficas era, no século XVII, considerada como uma das características da escrita chinesa. Somente alguns jesuítas dissidentes, os "figuristas", buscavam nela imagens simbólicas, *figuras* que estariam ligadas de forma obscura à Revelação cristã.

Progressivamente, porém, e sob a influência dos eruditos, chegou-se à ideia de que os caracteres chineses *representam* os objetos que eles designam ou, pelo menos, os representavam na origem. No final do século XVII, lançou-se a hipótese de uma origem *pictográfica* da escrita chinesa. É esse ponto de vista que prevalece no artigo "Escrita" da *Encyclopédie* francesa. Contudo, em razão da raridade dos documentos epigráficos antigos, nessa época não havia outra justificação para isso senão a tradição erudita chinesa. A descoberta arqueológica, no fim do século XIX, de uma quantidade considerável de inscrições arcaicas em ossos e carapaças de tartaruga trouxe à luz formas gráficas das quais não houvera até então nenhum testemunho. Ora, os eruditos chineses puderam estabelecer séries contínuas desde essas antiquíssimas formas até os traçados contemporâneos. Essas inscrições, que constituem uma escrita já elaborada, não nos esclarecem diretamente sobre as origens da escrita chinesa. O fato de muitos desses caracteres representarem esquematicamente o objeto que a palavra correspondente designa reforçou a convicção dos que tomavam a escrita chinesa como pictográfica. É normal que toda escrita em seu início retire suas formas do repertório de imagens familiares da civilização em questão. No entanto, os textos arcaicos chineses são algo mais do que uma série de imagens, são verdadeiros textos. Uma relação, real ou figurada, com imagens pode certamente ajudar na memorização dos caracteres, mas não é de utilidade alguma para a leitura do chinês.

3. O "caractere" – A escrita chinesa é feita de uma série de elementos separados uns dos outros por espaços iguais. Até a metade do século XX, esses elementos eram dispostos em colunas verticais traçadas de cima para baixo, começando à direita da página. A disposição em linhas horizontais escritas da esquerda para a direita é agora dominante na República Popular da China e se verifica, juntamente com os costumes antigos, no resto do mundo chinês.

Esses elementos são designados em chinês pela palavra *zi*, que traduzimos por "caractere". Esse termo rivalizava outrora com "letra" e "palavra".

Matteo Ricci, um dos primeiros missionários a aprender o chinês, empregava indiferentemente, por volta de 1585, "caractere" e "letra": "Quanto aos *caracteres*, é algo em que não se pode acreditar se não se viu e experimentou como eu o fiz. O número de *letras* é tão grande como o de frases ou de coisas, de tal forma que ultrapassam sessenta mil..." "Palavra" foi o termo empregado com constância durante o século XIX pelos estudiosos da China que, considerando o chinês como formado exclusivamente de palavras monossilábicas, o qualificavam de "língua isolante".

O termo mais correntemente empregado em nossos dias para designar os caracteres chineses é *ideograma*, designação que só pode causar confusões, pois parece indicar que as grafias chinesas evocam diretamente ideias. Na realidade, não se conhece nenhuma escrita de uma língua natural que corresponda a essa definição.

Com relação ao chinês, essa ilusão nasceu no século XVI, quando se viu que pessoas que falavam línguas distintas podiam comunicar-se por meio da escrita. No interior da China, há diferentes variedades de chinês, mas o ensino das práticas letradas é feito em registros comuns, como o "mandarim" dos funcionários. No exterior da China, as únicas línguas estrangeiras que empregaram os caracteres chineses foram aquelas em que o vocabulário chinês entrou maciçamente (ver adiante Capítulo VI).

Depois que uma palavra passa a ter um uso comum, é difícil erradicá-la. 4Mas seria desejável evitar, tanto quanto possível, empregar o termo *ideograma* para designar os caracteres chineses.

Os linguistas propuseram as mais variadas soluções em função de suas análises respectivas. Bloomfield, admitindo que o segmento falado ao qual corresponde o caractere é uma palavra, escolheu *word-writing* ou *logographic-writing*.[2] Benveniste preferia escrita *morfemática*.[3] Esse termo corresponde a *morfossilábica*, que pode qualificar a própria língua chinesa.

Juntamente com *caractere chinês*, solução que nos parece a mais razoável e que usaremos, alguns livros recentes adotam o termo *sinograma*, que é uma maneira erudita de dizer a mesma coisa.

4. A aprendizagem da escrita chinesa – Os primeiros europeus que foram à China foram unânimes em se espantar com a extrema dificuldade da escrita. Em comparação com as 26 letras necessárias para transcrever o português, os milhares de caracteres que é preciso aprender para escrever o chinês pareciam um obstáculo quase insuperável. Isso produzia tanto mais efeito quanto se tendia a confundir o efetivo correspondente com o vocabulário de uso e a totalidade das palavras da língua tais como são recenseadas nos dicionários – o que dava números consideráveis, como 50 mil, 100 mil... Esquecia-se de dizer que a memorização dos caracteres chineses não se faz apenas unidade por unidade, mas que se trata de um sistema for-

---

2. Léonard Bloomfield, *Language*, Nova York, 1933, p. 285. (N.A.)

3. Émile Benveniste, *Problèmes de linguistique générale*, Paris, 1966, p. 24. Um *morfema* pode ser definido como o menor segmento de um enunciado que tem sentido. (N.A.)

temente combinatório: a partir de um certo nível, quase não se encontram senão elementos recorrentes. Negligenciava-se sobretudo o fato de que o conhecimento dos caracteres está indissoluvelmente ligado ao das palavras que eles transcrevem: em chinês, aprendizagem da escrita e enriquecimento do vocabulário acompanham-se.

Esses argumentos talvez não seriam suficientes para afastar o fantasma de uma escrita extraordinariamente difícil, se não soubéssemos que centenas de milhões de homens a utilizam em nossos dias. Com exceção dos poucos filólogos que consagram sua vida ao estudo das formas antigas, os chineses em sua maior parte frequentam a escola o mesmo número de anos que os jovens europeus, mas nem por isso encontram mais problemas para ler e escrever. A proporção dos que têm dificuldades é praticamente a mesma e se, para os iniciantes, fatores de bloqueio são diferentes em chinês e em escrita alfabética, os eventuais obstáculos posteriores não estão geralmente ligados ao sistema gráfico.

Capítulo I
Escrita e língua

Os caracteres são formas gráficas independentes, isoladas materialmente umas das outras por um espaço[1] e invariáveis no sentido de que seu traçado não muda, sejam quais forem as formas vizinhas. É a propósito desse objeto específico, o "caractere", que devemos nos interrogar sobre as relações da escrita chinesa e da expressão oral.

I. O caractere corresponde a uma "sílaba" e a uma "unidade semântica mínima", é um "signo mínimo"

1. **Caractere e sílaba** – No plano fonológico, a unidade essencial é, em chinês, a sílaba. Para um dado estado de língua, a estrutura silábica é determinada: pode-se fazer, para cada variedade de chinês, o inventário das sílabas. Sob esse aspecto, o chinês faz parte das línguas ditas silábicas. Certamente é possível analisar as palavras chinesas em fonemas como os de qualquer outra língua, mas a organização da sílaba é um elemento essencial de qualquer descrição. Os diversos sistemas de transcrição alfabética do chinês, elaborados para uso dos estrangeiros e depois pelos próprios chineses, ilustram bem esse fato. É verdade que eles implicam análises em fonemas, cada fonema devendo, em prin-

---

1. Em alguns estilos de caligrafia, tende-se a uma continuidade no traçado dos caracteres e a uma redistribuição do espaço no interior e em volta dos caracteres que apagam um pouco sua identidade própria. Mas esses estilos só existem por referência ao estilo dito *regular* (ver Capítulo IV, parte IV, 3). (N.A.)

cípio, ser representado por uma letra, mas o fato é que em nenhuma parte do mundo se ensina um sistema de transcrição alfabética do chinês contentando-se em dar a lista das letras (a, b, c...) ou uma lista das consoantes (b, c, d...) e das vogais (a, e, i...): as letras se apresentam em listas distintas conforme seu lugar na sílaba. Diferentemente de uma língua como o português, em que os fonemas se combinam bastante livremente entre si, em chinês eles se organizam numa sequência definida na sílaba, sendo esta acompanhada, além disso, de um *tom*. Poderia se afirmar, com ou sem razão, ter descrito o essencial da fonologia do português quando se deu a lista de seus fonemas e algumas regras de incompatibilidade formuladas em termos de consoantes e de vogais. Para o chinês, é indispensável descrever a sílaba, porque a cada posição na sílaba corresponde um inventário diferente de fonemas.

Na variedade do chinês falado em Pequim, pode-se dizer que há: 1) uma inicial indivisível, que pode ser /b/, /p/, /m/, /f/ etc. (21 possibilidades) ou não ser representada; 2) uma final constituída de três elementos: *a)* uma pré-vogal, que pode ser /i/, /u/, /u/ ou não ser representada; *b)* uma vogal que pode ser /a/ ou /e/; *c)* uma pós-vocálica, que pode ser /i/, /u/, /n/, /ng/ ou não ser representada; 3) um tom. Há quatro tons melódicos distintivos em pequinês e um "tom neutro". Por exemplo, *tian*, "o céu", compõe-se de uma inicial /t/, uma final /i/-/a/-/n/ e um tom "plano" ou primeiro tom; *pa*, "temer", compõe-se de uma inicial /p/, uma final constituída da simples vogal /a/ e um tom "descendente" ou quarto tom.

A coesão desse sistema silábico é atestada em todos os dialetos contemporâneos – é claro que com muitas diferenças de inventário e de realizações – e em estados de língua conhecidos desde o início do Império Chinês, tais como puderam ser reconstruídos. Para os períodos mais antigos, o esquema parece mais complexo.[2]

A separação em sílabas não corresponde evidentemente à segmentação do discurso pelas pausas: estas estão sempre entre as sílabas, mas não há pausas entre todas as sílabas. Quando transcrevemos uma frase qualquer, cada uma dessas sílabas será representada por um caractere.

Exemplo: *ta jiao wo zou, wo zen neng bu zou ne?*[3] ("ele me disse para ir embora, como eu poderia não fazer isso?").

Essa frase de dez sílabas é escrita com dez caracteres.

2. **Caractere e unidade de sentido** – Se uma sílaba for ouvida fora de qualquer contexto, não se saberá por qual caractere transcrevê-la. De fato, o caractere corresponde *ao mesmo tempo* a um segmento sonoro, a sílaba, e a uma unidade de sentido. Por exemplo, a sílaba *hé*, quando significa "núcleo, origem", é escrita de um certo modo, e a mesma sílaba, quando significa "curso d'água", é escrita de um modo totalmente diferente.

Isso quer dizer que, entre a escrita chinesa e as escritas alfabéticas, há algo mais que uma simples diferença de grau, como a que separa as escritas alfabéticas, nas quais as letras transcrevem mais ou menos bem os fonemas, das escritas silábicas (Oriente antigo, Chipre etc.), nas quais os caracteres representam sílabas, com uma mesma sílaba

---

2. A tradição dos estudos fonológicos remonta na China ao *Qie Yun (Dicionário de rimas)*, redigido em 601 d.C. As primeiras reconstruções do chinês antigo e do chinês arcaico foram feitas por B. Karlgren (desde 1923). Cf. Edwin Pulleyblank, *Middle Chinese: study in Historical Phonology*, Vancouver, UBC Press, 1984, e William Baxter, *A Handbook of Old Chinese Phonology*, Berlim, Nova York, Mouton de Gruyter, 1992. (N.A.)

3. Os caracteres são transcritos neste livro por meio do alfabeto fonético chinês (*pinyin*). (N.A.)

sendo sempre escrita da mesma forma. As escritas alfabéticas e as escritas silábicas separam, ambas, segmentos mais ou menos longos da face fônica do signo: assim como naquelas não há, em princípio, letras que não sejam fonemas, não teria havido, em cipriota antigo, grafias que não fossem sílabas diferentes. Nesses sistemas é possível, ao menos teoricamente, tomar um texto ditado sem compreender seu sentido. Em chinês, o signo gráfico representa a totalidade do signo linguístico, isto é, ao mesmo tempo sua face fônica e sua face semântica.

Enquanto há cerca de 1.250 sílabas diferentes em chinês comum, um dicionário usual comporta de 3.500 a 9.000 caracteres, e alguns grandes dicionários chegam a 45.000 formas gráficas diferentes.

Em resumo, pode-se dizer que a escrita chinesa é uma *escrita do signo*.

3. A grafia chinesa é uma "escrita" – O que caracteriza uma escrita entre todos os outros sistemas de signos é uma relação *termo a termo* com a expressão oral numa língua dada.

Desse ponto de vista, as escritas alfabéticas, em que cada letra corresponde, de forma mais ou menos precisa, a um fonema, ou o chinês, em que cada caractere corresponde a uma sílaba que possui um sentido, são fundamentalmente semelhantes. Os signos gráficos se dispõem na página, numa estela* ou em qualquer outro suporte, numa sucessão linear de traços distintos, letras ou caracteres, sucessão cuja ordem corresponde estritamente à ordem, no enunciado oral, dos fonemas (nas escritas alfabéticas) ou das sílabas significantes (na escrita chinesa). Isso é muito diferente de um sistema de sinais, ou de uma pintura simbólica, que podem ter uma significação precisa sem que haja leitura de uma forma oral definida.

---

* Coluna ou pedra na qual os antigos faziam inscrições. (N.T.)

As pronúncias diversas de um caractere chinês, segundo os dialetos, não impedem que haja sempre, para um escriba ou um leitor, uma forma oral correspondente a um texto escrito.

4. **Especificidade da escrita chinesa** – A diferença entre as escritas alfabéticas e a escrita chinesa é bem ilustrada pelos processos de aprendizagem de ambas: sem levar em conta as dificuldades ortográficas, uma criança brasileira tem apenas vinte e poucas formas gráficas a distinguir e a combinar com os sons correspondentes, mas ela não poderá ler antes de ter aprendido esse mecanismo relativamente abstrato e antes de conhecer todas ou quase todas as letras. Raras são as crianças com menos de quatro anos capazes de ler; inversamente, a partir do momento em que uma criança adquiriu essa técnica, ela será capaz de pronunciar todas as palavras escritas que encontrar. Portanto, ela terá "acesso" de uma só vez a todo o vocabulário de sua língua falada e, a seguir, pouco importa que aprenda palavras novas durante suas conversas ou por meio de textos escritos. Deixaremos de lado os procedimentos de "leitura global" que têm por finalidade justamente evitar à criança o esforço de abstração ligado ao sistema alfabético.

Na China, uma criança, assim que sabe falar, pode reconhecer um caractere, colocá-lo em correspondência com uma forma oral e saber o que ele significa. Em condições favoráveis, uma criança chinesa pode realmente *ler* alguns caracteres a partir da idade de dois anos. Mas não lhe serviria de grande ajuda saber ler um caractere para cada sílaba de sua fala, pois uma dada sílaba é escrita de maneiras muito diferentes conforme os sentidos que possui! Ela deverá aprender mais de mil caracteres para ler textos fáceis e, mais tarde, mesmo se vier a conhecer mais de dez mil e encontrar um caractere que não conhece[4], será incapaz de deduzir, do aspecto desse caractere, sua pronúncia ou seu sentido. Quando muito poderá, por analogia com caracteres conhecidos, fazer uma hipótese sobre algumas leituras plausíveis e o gênero de coisa significada. Se for uma palavra que faz parte de sua prática falada, poderá identificá-la examinando o contexto.

5. **Heterogeneidade da expressão oral e da expressão escrita** – A sílaba, simples *significante*, e o caractere, *signo* completo, não se situam no mesmo plano. Isso acarreta algumas consequências no que diz respeito à relação da expressão escrita com a expressão oral. Por exemplo, no 4º tom, a sílaba *shi* pode ser a forma oral de pelo menos dezenove signos diferentes: *shi* "enxugar", *shi* "saber", *shi* (sufixo de nome próprio), *shi* "ser", *shi* "poder", *shi* "mundo", *shi* "juramento", *shi* "deixar", *shi* "letrado", *shi* "negócio", *shi* "amar a", *shi* "ver", *shi* "zelar por", *shi* "contar com", *shi* "mercado", *shi* "tentar", *shi* "ir a", *shi* "explicar", *shi* "casa" (cf. Figura 1).

拭 識 氏 是 勢 世 誓 逝
士 事 嗜 視 侍 恃 市 試
適 釋 室

Figura 1 – Grafias de *shi*

Na prática da língua, pode-se comunicar uma mensagem por meio de um único caractere, ao passo que uma sílaba isolada é raramente compreensível. É a razão pela

---

4. Acontecimento que os letrados chineses descrevem de forma figurada com a expressão: "encontrar um tigre no caminho". (N.A.)

qual os chineses que sabem escrever estão sempre prontos, quando não se compreende bem o que eles dizem, a traçar na palma da mão os caracteres correspondentes. Eles reproduzem o traçado com um movimento rápido, e é preciso um longo hábito para *ver* os caracteres em questão. À distância ou por telefone, se fará uma glosa de cada sílaba sob a forma: "é *x* de *x y*". Se alguém falou de *che* "veículo" e o ouvinte manifesta sua hesitação entre vários homônimos, perguntando: "qual *che*?", ele responderá: *huoche de che* (o *che* de *huoche* "trem", palavra composta de *huo* "fogo" e *che* "veículo"). Essa situação em que uma única sílaba está em causa é rara no uso normal. Quando se fala, o acento, que em chinês falado tem uma função gramatical importante, as indicações fornecidas pela situação e a entonação desempenham um papel na compreensão da mensagem e, em geral, permitem resolver as ambiguidades que poderiam resultar do grande número de homônimos. Além disso, dos dezenove signos citados antes, somente quatro – *shi* "ser", *shi* "negócio", *shi* "mercado" e *shi* "tentar" – são suscetíveis de ser empregados na língua falada como unidades sintáticas livres. Todos os outros se verificam apenas em composição. Voltaremos a esse ponto ao falar do "monossilabismo" do chinês. Digamos por ora que em chinês, assim como nas outras línguas, os homônimos só têm um papel importante nas histórias cômicas; na língua falada usual, é raro tropeçar em ambiguidades.

O fato de o problema dos homônimos não se colocar na forma escrita, uma vez que eles são representados por caracteres distintos, sem dúvida explica a extraordinária concisão do estilo dito "clássico" ou *wenyan*. Não temos condições de apreciar qual podia ser o grau de inteligibilidade dos textos antigos à leitura. O chinês arcaico comportava certamente um número bem maior de sílabas diferentes do que o chinês moderno: logo, os homônimos eram sensivelmente menos frequentes. No que se refere à língua escrita contemporânea, é muito significativo que, a despeito de diferenças estilísticas consideráveis com a forma oral, essa faculdade que o sistema gráfico oferece de anotar apenas os morfemas essenciais não é explorada: nenhum dos estilos da expressão escrita (literário, político, científico) é particularmente conciso.

6. **Signo mínimo: arbitrariedade das grafias** – Dizer que uma unidade é um signo mínimo equivale a dizer que não se pode analisá-la em signos menores. Certamente se pode decompor todo caractere num certo número de traços e é possível distinguir, na maioria dos caracteres, alguns elementos gráficos que se verificam em toda uma série de outros caracteres. Por exemplo, o esquema de um cavalo, tal como aparece no caractere *ma* "cavalo", verifica-se em pelo menos[5] 69 outros caracteres mais complexos. Por outro lado, o sentido de um caractere não é necessariamente uma noção tão simples que não possa ser decomposta em traços semânticos mais finos. Quando falamos de "signo mínimo" a propósito do caractere, não se trata, portanto, nem do significante (a grafia) nem do significado (o sentido), mas da relação de um com o outro e também da relação desse conjunto com uma certa sílaba.

O sentido do caractere é independente dos elementos gráficos que o compõem: não se pode deduzir o sentido de um caractere a partir de sua forma material. É verdade que há um certo número de elementos comuns que se verificam, cada qual, em vários caracteres, como também é verdade que se atribui tradicionalmente um valor semântico a alguns desses elementos, chamados "chaves" ou "radicais". No Capítulo II, dedicado à estrutura gráfica dos caracteres, falaremos da origem e da função das "chaves". Digamos por ora que se trata de elementos classificadores

---

[5]. Retivemos somente os caracteres citados pelo pequeno dicionário *Xinhua zidian*, Pequim, 1998. (N.A.)

que facilitam a busca dos caracteres nos dicionários. Os caracteres que têm em comum uma mesma "chave" podem ter sentidos aparentados, mas com um parentesco às vezes muito distante, no entanto podem também não ter nenhuma relação diretamente perceptível. Por exemplo, podemos citar entre os caracteres que contêm a chave da "lua" – ao lado de *tong* "lua que acaba de nascer", *long* "lua ao nascer", *shuo* "lua nova", *wang* "lua cheia" etc. – formas como *you* "há", "ter", *fu* "roupa" ou *peng* "amigo".

É muito comum a explicação dos caracteres sob a forma de enigmas figurados etimológicos. Muitos manuais reproduzem o exemplo de *an* "paz, serenidade", cujos elementos gráficos, tomados separadamente, significam quanto à parte superior "um teto", quanto à parte inferior "uma mulher", para então concluir: "Uma mulher sob um teto é a serenidade". Mas isso é um sistema mnemotécnico eficaz, não uma análise linguística. A arbitrariedade do signo *an* é total: se a língua chinesa não atribuísse a essa combinação de traços o sentido de "paz, serenidade", seria igualmente possível interpretar de dez outras maneiras a combinação de uma "mulher" e de um "teto": os sentidos de "sedentário", "monogamia", "escravidão das mulheres", "viuvez" figuram entre as muitas hipóteses verossímeis que se poderia formular. Não basta olhar um caractere para conhecer seu sentido. É preciso saber qual é seu sentido – saber, por exemplo, que a grafia "mulher sob um teto" se lê *an* e significa "paz, serenidade". A relação da grafia com o som não é menos arbitrária, ao menos no que se refere à língua atual.

Isso não impede que um chinês, quando encontra um caractere que ignora, procure adivinhar, imaginar de que palavra se trata, e muitas vezes consiga fazer isso.

II. O caractere, assim como a sílaba, não é uma "palavra"

"O chinês é uma língua monossilábica", se diz com frequência. Essa expressão é ambígua. É exato que toda sílaba chinesa tem um sentido. Porém, na acepção que era dada a esse termo no século XIX e que ainda hoje lhe é atribuída em muitos artigos de divulgação, "monossilabismo" significaria que as palavras chinesas são constituídas, cada qual, de uma única sílaba, o que não é verdade.

Não existe definição rigorosa do termo "palavra", com exceção do critério formal fornecido pelas escritas alfabéticas: "o que é separado por espaços em branco". Em nossas línguas, em que a palavra tem valor de instituição, esse critério tem pouca importância. Contudo, os primeiros europeus que aprenderam o chinês buscaram nele naturalmente o equivalente dessa "palavra". E os sinólogos identificaram tanto mais facilmente o caractere à palavra na medida em que o caractere tem o mesmo valor de *instituição* na língua chinesa que a palavra nas línguas europeias. Como cada caractere correspondia a uma sílaba, eles concluíram que as palavras chinesas são monossilábicas.

Na verdade, as palavras monossilábicas que se escrevem com um único caractere, como *wo* "eu", *lai* "vir", *hao* "bom", *shu* "livro" etc., constituem uma pequena parte dos léxicos, mas são palavras usuais.[6]

As proporções relativas de palavras de um ou dois caracteres variam consideravelmente conforme o estilo dos textos. Nas peças de teatro, assim como na linguagem familiar, as palavras monossilábicas podem ultrapassar 50% do efetivo total. Nos textos descritivos contemporâneos, sejam eles literários ou científicos, as palavras são dissilábicas em sua maior parte. Ao contrário, o estilo literário ou clássico (*wenyan*), que era de uma extrema concisão, apresenta-se como um limite: nos escritos desse estilo, os caracteres correspondem a palavras na maioria dos casos. Foi por uma generalização apressada que os sinólogos do século XIX,

---

6. Cf., por exemplo, Lu Zhiwei, *Beijinghua danyinci cihui (Dicionário das palavras monossilábicas do pequinês)*, Pequim, 1955. (N.A.)

baseando-se nas particularidades desse estilo bastante elaborado, concluíram que todos os caracteres eram palavras. Esse estilo "nobre" não está mais em uso na China, salvo em frases feitas, slogans ou citações.

O sentido das palavras com dois caracteres resulta às vezes do sentido desses caracteres tomados isoladamente e de sua relação. Por exemplo, *yangrou*, escrito com os caracteres *yang* "carneiro" e *rou* "carne", significa "carne de carneiro". Mas essa relação nem sempre acontece. Escreve-se com os caracteres *dong* "Leste" e *xi* "Oeste" o nome *dongxi* "coisa". As palavras chinesas de duas sílabas estão, em sua maioria, entre esses dois extremos: são escritas com caracteres cujo sentido tem alguma relação com o da palavra composta, mas sem que a análise dos caracteres explique de forma exaustiva e unívoca o sentido da palavra. Por exemplo, *dajia* "todo o mundo" se escreve com os caracteres *da* "grande" e *jia* "casa, família"; *dafang* "generoso" se escreve com os caracteres *da* "grande" e *fang* "quadrado".

Em regra geral, o caractere ora constitui uma palavra monossilábica, ora faz parte de palavras dissilábicas. Se um caractere perde seu valor semântico em alguns compostos, isso não impede que ele continue a ser empregado em outros compostos, com seu sentido pleno. Por exemplo, *dong* "Leste" e *xi* "Oeste", que citamos em *dongxi* "coisa", também se encontram em *dongya* "Ásia oriental" e *xiyi* "médico que pratica a medicina ocidental".

Se os caracteres, unidade elementar invariável, forem vistos como o equivalente chinês da palavra das línguas europeias, segmento de complexidade e de forma variável, fatalmente se concluirá que a gramática chinesa é muito pobre, contando apenas com a posição de elementos compactos e não hierarquizados. Essa conclusão foi por muito tempo aceita pelos melhores sinólogos e contribuiu para formar a imagem grosseira que muitas pessoas ainda fazem do chinês.

Isso é falso tanto para a forma escrita quanto para a forma oral. Nem todas as sílabas constituem elementos sintáticos autônomos e de valor funcional idêntico. A análise em "partes do discurso" apresenta pelo menos com igual frequência grupos dissilábicos e monossílabos.

Pode-se evidenciar esse fato pela análise de uma frase chinesa. Tomemos, por exemplo, a seguinte frase de 37 caracteres, extraída de um livro de gramática redigido em chinês moderno:

xian dai de jie ci you xu duo shi cong dong ci bian lai de, er qie jiu shi zai xian dai yu li, ye reng jiu bao cun zhe dong ci de mou xie xing zhi (cf. Figura 2 abaixo).

现代的介词有许多
是从动词变来的而且
就是在现代语里也仍
旧保存着动词的某
些性质

Figura 2

Cada um desses 37 caracteres tem um sentido. Suponhamos que eles sejam examinados um por um: isso dá *xian* "atual", *daí* "geração", *de* (partícula de segmentação), *jie* "apresentar", *ci* "palavra", *you* "há" etc.

Tentar compreender essa frase assim atomizada é um jogo absurdo. Na verdade, essa frase organiza-se em conjuntos e subconjuntos hierarquizados, e o nível que corresponde aproximadamente ao que chamamos de "palavra" compreende com muita frequência dois caracteres.

Ao ligarmos as transcrições dos caracteres de maneira a segmentar o texto em unidades gramaticais mínimas, obtemos para a mesma frase:

xiandai de jieci you xuduo shi cong dongci bianlai de erqie jiushi zai xiandai yu li, ye rengjiu baocun-zhe dongci de mouxie xingzhi.

Tradução: No que se refere às preposições (*jieci*) modernas (*xiandai*), há (*you*) muitas delas (*xuduo*) que são (*shi... de*) derivadas (*bianlai*) de (*cong*) verbos (*dongci*) e (*erqie*) mesmo (*jiushi*) na (*zai... li*) língua (*yu*) moderna (*xiandai*) elas conservam (*baocun-zhe*) também (*ye*) ainda (*rengjiu*) certas (*mouxie*) características (*xingzhi*) dos verbos (*dongci*).

Capítulo II

Os caracteres

A estrutura dos caracteres chineses permaneceu idêntica em seu princípio no curso de sua longa história, embora suas formas tenham sofrido algumas variações. Descrevemos aqui os caracteres em sua forma usual, contemporânea, que está em uso desde a dinastia dos Han.[1] É sob essa forma canônica, dita *kaishu* "estilo regular", que foram escritos, desde o início da nossa era, os documentos oficiais, gravadas a maior parte das pranchas de imprensa e depois fundidos os caracteres móveis. Essa homogeneidade gráfica dos textos, transmitidos desde cerca de dois mil anos, assegura-lhes uma perfeita legibilidade. Toda pessoa que saiba ler decifrará sem dificuldade uma estela do século III, e as mais belas edições literárias, publicadas em Pequim nos últimos anos, são reproduções de impressões xilográficas que datam da dinastia dos Song.[2]

No Capítulo IV, veremos os tipos de grafia anteriores à época dos Han, bem como outros estilos de caligrafia.

I. Construção dos caracteres

A escrita chinesa é regida por um conjunto de regras imperativas. Não há lugar para variantes individuais no que diz respeito à construção dos caracteres. Essa construção é feita de *traços*, cujos tipos são pouco numerosos. Um caractere é composto de um *número determinado* de traços (podendo ir de um a mais de trinta) que devem ser traçados numa ordem determinada.

---

1. De 206 a.C. a 220 d.C. (N.A.)
2. De 960 a 1278 d.C. (N.A.)

Cada caractere não constitui, em geral, uma organização de traços original, inteiramente diferente de todas as outras; se fosse assim, a aprendizagem da escrita chinesa exigiria um esforço de memória sobre-humano – o que de modo nenhum acontece. A maior parte dos caracteres decompõe-se em subconjuntos (outros caracteres ou elementos não autônomos), que chamaremos *elementos de caracteres*. Esses elementos são em número limitado (algumas centenas).

1. **Os traços** – A forma dos traços deve-se em grande parte ao uso do pincel, que foi o instrumento exclusivo da escrita manual desde os últimos séculos antes da nossa era até o século XX. Os traços constitutivos da escrita chinesa são essencialmente segmentos de retas, mais ou menos alongados e diversamente orientados. Conforme se façam distinções finas ou se agrupem sob uma mesma rubrica diversas variantes, a lista dos traços pode variar de maneira considerável. Tradicionalmente se enumeram oito traços fundamentais, mas alguns autores contaram até 64 traços. A rigor, seria preciso proceder por oposições significativas: uma diferença entre dois traços é pertinente quando ela permite distinguir dois traçados de um outro ponto de vista idênticos. Fazendo um mínimo de distinções, podemos citar:

- o traço horizontal;
- o traço vertical;
- o "ponto" (segmento muito curto);
- o gancho;
- as oblíquas:
  - traço levantado, da esquerda à direita;
  - traço baixado, da direita à esquerda;
  - traço baixado curto, da direita à esquerda;
  - traço apoiado, da esquerda à direita.

Figura 3 – Os traços fundamentais

Entre o traço levantado e o traço baixado, há somente uma diferença de direção. Essa diferença, evidente na escrita com pincel por causa do adelgaçamento do traço, é bem visível, mesmo quando se escreve com caneta: o movimento da mão que corresponde ao encadeamento dos traços não é o mesmo num caso e no outro.

Os tipos de traços foram descritos pelos calígrafos tendo em vista o uso do pincel. No entanto, os princípios que eles estabeleceram no que se refere à direção dos traçados são sempre respeitados, não importa o instrumento com que se escreve. São os elementos *invariáveis* que constituem a base do sistema gráfico. Por exemplo, um traço horizontal é sempre traçado da esquerda para a direita; um traço vertical, de cima para baixo.

Alguns caracteres têm um único traço, outros têm 25 ou mais, a grande maioria tendo menos de 15. O número de traços de um caractere pode ser facilmente contado, e isso é utilizado na maior parte das classificações: muitos dicionários, listas, índices etc., ordenam os caracteres por número de traços em ordem crescente. Por exemplo, quando se quer fazer uma lista de pessoas sem ordem de precedência, a ordenação baseia-se no número de traços de seu nome de família. É claro que esse sistema não basta para organizar a massa dos caracteres chineses, pois assim só se identifica um número limitado de grupos: outros princípios contribuem igualmente para a classificação dos caracteres.

2. **Ordem dos traços, ordem dos elementos** – O aspecto de um caractere resulta do encadeamento dos traços, delineados numa ordem determinada. Não se trata de estética – embora a beleza dos caracteres se beneficie muito de sua perfeição funcional –, mas de legibilidade, de clareza: um caractere corretamente escrito é reconhecível à primeira vista e não se confunde com nenhum outro.

A ordem na qual os traços devem ser traçados é inteiramente rigorosa; um erro de ordem é qualificado de "erro de ortografia" e aparece inevitavelmente no aspecto defeituoso do caractere acabado. Deve-se conhecer, para cada caractere, a ordem dos seus traços. Existem, porém, princípios gerais, que são os seguintes: 1) começa-se pela esquerda do caractere e continua-se em direção à direita – vai-se de cima para baixo; 2) os traços horizontais são feitos antes dos verticais – exceto no caso em que isso obrigaria a infringir a regra seguinte; 3) quando a extremidade de um traço termina num outro, sempre se traça este último primeiro; 4) quando o conjunto ou uma parte do caractere está compreendido num espaço fechado, este só deve se fechar quando todos os traços interiores foram traçados.

Convém notar que, para os caracteres compostos de vários elementos, traçam-se todos os traços de um primeiro elemento antes de começar o segundo, com a ordem da escrita dos elementos obedecendo às mesmas regras que a ordem dos traços no interior dos caracteres: escreve-se o elemento de cima antes do elemento de baixo, o elemento mais à esquerda antes dos que estão mais à direita etc.

Esses princípios gerais da ortografia nem sempre são suficientes para definir a ordem dos traços de um dado caractere. Existe para cada caractere uma ordem convencional. Observa-se que essa ordem corresponde, na maioria das vezes, aos princípios que enunciamos, mas estes não têm valor de regra, e os desvios são numerosos.

Por exemplo, um "ponto" situado no alto de um caractere é posto geralmente em último lugar, a despeito de sua posição. Não se pode afirmar conhecer um caractere enquanto não se sabe escrevê-lo. A fim de que os iniciantes não cometam erro, os modelos que lhes são oferecidos possuem traços numerados.

O hábito dos chineses que sabem escrever de explicitar seu discurso "simulando" o traçado dos caracteres com o indicador da mão direita na palma aberta da mão esquerda é um dos fatos que mais espantam os estrangeiros: eles se perguntam como, à vista desse movimento rápido, o interlocutor pode compreender de que caractere se trata. Isso ilustra bem os mecanismos de base da escrita chinesa: os caracteres são feitos de traços *simples* e *separados*, encadeando-se numa ordem rigorosa.

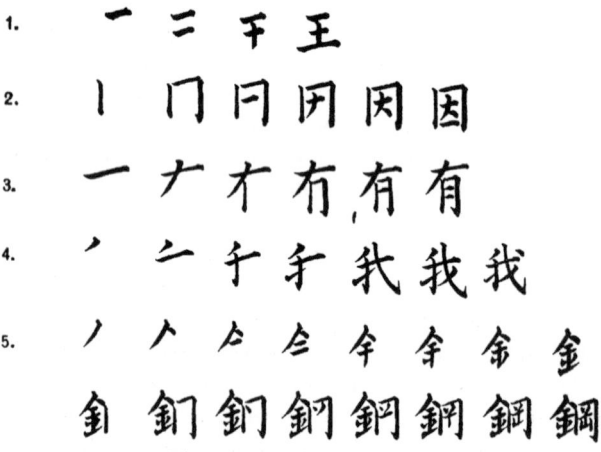

Figura 4 – Ordem dos traços
1. *wang* "rei", 4 traços. – 2. *yin* "porque", 6 traços – 3. *you* "há", 6 traços. – 4. *wo* "eu", 7 traços. – 5. *gang* "aço", 16 traços

Em estilo "regular", nenhum traço pode ser suprimido ou acrescentado, sob qualquer pretexto que seja. Existem pares de caracteres que só diferem entre si por um único traço, e a menor licença aqui ocasionaria as piores confusões. Por exemplo, se acrescentamos um ponto acima do caractere *wang* "rei", obtemos o caractere *zhu* "principal"; o acréscimo de um traço a *ri* "sol" resulta em *mu* "olho". Mesmo as proporções relativas dos traços são distintivas: os caracteres *tu* "terra" e *shi* "letrado" são escritos ambos com três traços: um horizontal barrado por um vertical em cruz, este último colocado sobre um horizontal; em *tu* o horizontal superior é mais curto que a horizontal inferior, ao passo que em *shi* acontece o contrário (cf. Figura 5).

Esse rigor é uma das razões da longa duração e da extensão da escrita chinesa: os caracteres são como moedas de valor; pode-se confiar nelas.

| *ri* | *yue* | *tu* | *shi* | *ji* | *yi* |
| sol | dizer | terra | letrado | si mesmo | já |

Figura 5

II. Caracteres simples e caracteres complexos

Todos os caracteres, seja qual for o seu grau de complexidade, devem ocupar um espaço igual, um quadrado imaginário. Uns são apenas um arranjo de traços no qual não se pode reconhecer nenhum subconjunto com uma individualidade. Outros caracteres, ditos complexos, são compostos de dois ou vários grupos de traços que são ou o traçado de caracteres simples que pode ser utilizado separadamente com um sentido próprio, ou arranjos de traços que não têm existência autônoma e são utilizados apenas como partes de caracteres complexos.

Um caractere simples e um caractere complexo ocupam um mesmo espaço, sendo muito evidente que o caractere simples sofre uma sensível redução de tamanho quando se torna "elemento de caractere complexo". Por exemplo, *long* "surdo" é composto de dois elementos gráficos superpostos que, tomados separadamente, constituem os caracteres *long* "dragão" e *er* "orelha": cada um desses traçados é duas vezes menor em *long* "surdo" do que em seu emprego isolado (cf. Figura 6).

long/dragão   *er*/orelha   *long*/surdo

Figura 6

Pode-se ordenar os caracteres em três classes conforme eles sejam: 1) formas simples; 2) formas complexas que não contêm elemento com valor fônico; 3) formas complexas que contêm um elemento com valor fônico.

1. **Formas simples** – As formas simples podem ou representar um objeto, ou ter valor de símbolo.

Nas grafias atuais, os traçados lineares dos caracteres não evocam espontaneamente nada de concreto. Pode-se, quando muito, ver neles a notação de uma silhueta ou de alguma particularidade de uma coisa. No entanto, para os usuários da escrita, que sabem a que palavra corresponde um caractere, esses traçados são evocadores e concretos. Nas escolas, ao ensino desses caracteres básicos, é acrescentada a indicação de formas arcaicas, visivelmente mais realistas, e lhes é dada uma explicação tradicional. Por exemplo, o caractere *che* "veículo" é tido como representando um carro visto do alto. Em sua forma atual, ele compreende um retângulo horizontal com uma barra no meio que evoca a carroceria, dois traços horizontais acima e abaixo para as rodas e um grande traço vertical que atravessa o conjunto ao meio como um eixo.[3] Algumas dessas "imagens" são sumárias, como *ren* "homem", com apenas dois traços, enquanto outras são mais elaboradas, como *niao* "pássaro", que se escreve com onze traços.

Os caracteres "simbólicos", que evocam noções abstratas, são pouco numerosos. Citemos a série *yi* "um", feito de um só traço horizontal, *er* "dois", com dois traços horizontais, *san* "três", com três traços horizontais. *Shang* "alto, subir", feito de uma vertical e de uma pequena oblíqua acima de uma horizontal, opõe-se a *xia* "baixo, descer", feito de uma vertical e de uma pequena oblíqua abaixo de uma horizontal.

Existem muitos caracteres usuais simples que não apenas não evocam imagens ou símbolos em sua grafia atual, mas cujas formas arcaicas são desconhecidas ou inexplicáveis. Citemos *liu* "seis", *wang* "rei", *shi* "mercado", *yi* "já", *ye* "também", *qian* "mil".

O número de caracteres simples é limitado – algumas centenas – e não se criam novos. Aliás, ao contrário das mensagens desenhadas e outras "pictografias", é um fato geral que toda escrita emprega um inventário finito de formas elementares. Em chinês, produzem-se novos caracteres compondo-se caracteres complexos a partir dessas formas simples.

2. **Formas complexas que não contêm elemento fônico** – Alguns caracteres complexos são formados de componentes que parecem contribuir para indicar o sentido. Por exemplo, *ming* "luz" é formado de *ri* "sol" e de *yue* "lua"; *wu* "militar" é formado de *zhi* "deter" e de *ge*

---

3. Ver adiante Figura 9, nº 5, p. 47. (N.A.)

"alabarda"*. A pronúncia dos elementos componentes não interessa; somente seu sentido tem alguma relação com o sentido do caractere complexo, o que não quer dizer que este último possa ser deduzido de uma "análise" dos constituintes. O sentido de um caractere complexo resulta do uso da comunidade linguística: ele evolui com a língua; sua composição, embora pareça motivada, só pode sugerir uma interpretação etimológica, não oferecendo um sentido certo.

Podemos citar o exemplo de *xiu* "repousar", composto de um traçado derivado de *ren* "homem" e de *mu* "árvore". Explica-se tradicionalmente que "o homem à sombra de uma árvore" evoca a ideia de repouso, mas é evidente que se trata de uma convenção: poderia evocar também sepultura, desbravamento do mato, religião ou calor do verão.

Do efetivo total dos caracteres chineses em uso, calcula-se em menos de 5% o número dos que pertencem a essa categoria de caracteres complexos sem elemento fonético.

3. **Formas complexas que contêm um elemento fonético** – Essas formas, chamadas às vezes "fonogramas" (Karlgren), constituem seguramente mais de 90% do total dos caracteres chineses. P. Pelliot[4] descreve-os deste modo: (eles são) "formados de um elemento tomado foneticamente e de um outro que indica de forma esquemática a ordem de ideias à qual a palavra se relaciona". O primeiro elemento é a "fonética", e o segundo é a "chave". Assim, *sang* "goela" é formado de *sang* "amoreira" tomado foneticamente com adição da chave *kou* "boca". Aliás, o caractere tomado foneticamente pode ser

---

* Antiga arma composta de longa haste, tendo na extremidade uma lâmina em forma de meia-lua. (N.T.)

4. P. Pelliot, em *Notice sur les caractères étrangers anciens et modernes*, Paris, 1927. (N.A.)

ele mesmo um caractere complexo que já contém uma fonética e uma chave; na verdade, *sang* "amoreira" é um caractere complexo no qual entra a chave *mu* "madeira, árvore" (cf. Figura 7).

嗓　桑　口　木

| *sang* | *sang* | *kou* | *mu* |
| goela | amoreira | boca | madeira |

Figura 7

Segundo Marcel Granet[5], "os caracteres desse tipo, ditos complexos fônicos, evocam uma palavra ao fazerem primeiro pensar (por seu radical)[6] numa categoria de objetos, especificando depois (graças à fonética) esse objeto: na categoria indicada, ele é aquele (ou um daqueles) que corresponde (aproximadamente) a tal pronúncia". Granet cita o exemplo de *li* "forro" que se escreve com um elemento *yi* "roupa" e um elemento *li* "aldeia": o primeiro é a chave, e o segundo, a fonética. Dito de outro modo, se conhecemos a palavra *li* "forro", temos uma chance de adivinhar que esse caractere lhe corresponde.

A) *As "fonéticas"* – A "fonética" é a parte essencial de um caractere complexo.

Existem séries de caracteres complexos que comportam um elemento semelhante e que se pronuncia, em muitos casos, aproximadamente do mesmo modo: é esse elemento que foi chamado de "fonética". Por exemplo, o traçado do caractere *ling* "ordem, comando" aparece como elemento fonético em cerca de trinta outros caracteres, os

---

5. *La pensée chinoise*, Paris, 1950. (N.A.)
6. Radical (Granet) = chave (Pelliot). Empregaremos aqui o termo chave, porque radical designa nas línguas indo-europeias algo totalmente diferente, o que pode criar confusões. (N.A.)

mais usuais sendo: *ling* "pluma, asa" (que tem como chave o traçado do caractere *yu* "pluma"), *ling* "cotovia" (chave: *niao* "pássaro"), *ling* "zero" (chave: *yu* "chuva"), *ling* "sino" (chave: *jin* "ouro, metal"), *ling* "camurça" (chave: *yang* "carneiro"), *ling* "prisão" (chave: traçado arcaico do caractere *wei* "cercar, rodear"), *ling* "conduzir, guiar" (chave: *shou* "cabeça, chefe"), *ling* "cadeia de montanhas, pico" (chave: *shan* "montanha"; esse caractere comporta também o traçado do caractere *shou* "cabeça, chefe", que aqui não é nem fonética, nem chave).

Um leitor irá supor, diante dessa lista de caracteres, que eles são lidos praticamente do mesmo modo; porém, se ele não conhece o valor *ling* para pelo menos um desses caracteres, não poderá adivinhá-lo.

Pode haver vários grupos para uma mesma sílaba em chinês moderno. A existência das fonéticas facilita a aprendizagem dos caracteres, sobretudo dos que correspondem a um vocabulário falado já adquirido. Contudo, *não se trata de um sistema de notação* dos fonemas ou das sílabas. Apesar da denominação dada, essas fonéticas não contêm em si mesmas *nenhuma* indicação sobre a pronúncia dos caracteres. Esses grupos implicam apenas que existiu uma certa identidade de pronúncia entre os caracteres que eles constituíam ou dos quais faziam parte na época em que entraram em uso: eles só dão indicação "fonética" por *referência* a um ou vários homófonos conhecidos. Além disso, seu "rendimento" nem sempre é excelente, na medida em que, com a evolução da língua, muitos caracteres não são pronunciados como sua fonética.

Essa independência faz que as fonéticas não mudem, mesmo quando os sons da língua evoluem. Disso resulta que um elemento "fonético" não se aplica necessariamente a todos os caracteres nos quais se verifica uma pronúncia idêntica em chinês moderno. De fato, desde que os caracteres existem, a língua se modificou.

Em muitos casos, as séries originais – quando é possível conhecê-las – só eram homogêneas de uma maneira aproximada. Ao longo dos séculos, múltiplas divergências apareceram. Por exemplo, o traçado do caractere *gong* "trabalho" é o elemento fonético de *jiang* "rio". É provável que esses caracteres se pronunciavam ambos do mesmo modo em chinês arcaico. Outro exemplo: o traçado do caractere *ye* "também" serve de fonética a caracteres que se pronunciam *di* "terra, sol", *chi* "lago, tanque", *ta* "ele, *yi* "adjacente", *shi* "distribuir, estender", *tuo* "arrastar, puxar".

Muitos desses fatos podem ser explicados à luz de uma história fonológica complexa, cujo desenrolar vem sendo cada vez melhor reconstituído. Porém, considerando a situação atual, é certo que as "fonéticas" só facilitam a leitura em certa medida. Estima-se que a pronúncia dos caracteres atuais é, para 25% dos caracteres, idêntica à de sua fonética, que em 17% há identidade exceto no tom e que 24% só dão o elemento final da sílaba, não importando o resto.[7]

Assim, a coerência do sistema se viu alterada no curso de sua longa existência. Uma situação análoga é observada em outro plano, como a ortografia do português, por exemplo, que conserva o vestígio de múltiplas pronúncias sucessivas. Há uma defasagem entre os estados de língua que a escrita reflete e o uso vivo.

Uma outra dificuldade do estudo da escrita chinesa decorre da ausência de especialização dos elementos: um caractere simples pode servir ora de fonética, ora de chave. Por exemplo, o traçado de *dao* "faca" serve de chave para mais de oitenta caracteres e de "fonética" para pelo menos uma dezena; ele também aparece em caracteres nos quais não desempenha nenhum dos dois papéis.

---

7. Segundo DeFrancis, 1984. (N.A.)

Por outro lado, as posições da "fonética" e da chave não estão definidas (cf. Figura 8):

1. 江　咬　2. 和　放

3. 常　駕　4. 草　管

5. 病　閱　6. 問　辨

Figura 8 – Posições respectivas da fonética (*linhas cheias*) e da chave (*linhas vazadas*)

Podemos encontrar a "fonética" à direita da chave [(1) *jiang* "rio", *yao* "morder"; é a situação mais frequente], ou à esquerda da chave [(2) *he* "com", *fang* "colocar"], acima da chave [(3) *chang* "com frequência", *jia* "atrelar"], abaixo da chave [(4) *cao* "erva", *guan* "tubo"], no interior da chave [(5) *bing* "doente", *yue* "ler"], no exterior da chave [(6) *wen* "interrogar", *bian* "discernir"]. Em suma, não há configuração que esteja excluída.

B) *As chaves* – As combinações de traços que designamos como chaves "não são de modo algum caracteres que simbolizam noções fundamentais. Basta indicar que um desses chamados radicais pretende representar os dentes caninos e um outro os incisivos, não havendo nenhum que corresponda à ideia geral de dentes. Na verdade, esses radicais correspondem a rubricas destinadas a facilitar não uma classificação com intuito de objetividade, mas uma pesquisa prática nos léxicos e, certamente, uma aprendizagem mais fácil da escrita".[8]

---

8. Marcel Granet, op. cit. (p. 46-47). Granet se opõe aqui aos que queriam ver na escrita chinesa um sistema lógico. (N.A.)

De fato, uma das funções principais das chaves é permitir a classificação dos caracteres nos dicionários. Todos os caracteres devem poder ser incluídos sob uma chave ou outra. Tal classificação é arbitrária, mas deve-se distinguir duas modalidades muito diferentes, conforme se trate de palavras escritas nas épocas arcaicas ou de criações mais recentes para as quais foram aplicados sistematicamente princípios classificatórios.

Estas últimas constituem uma parte importante do vocabulário criado ao longo dos séculos, desde a dinastia dos Zhou[9] até a época atual, em que ainda se encontra em pleno desenvolvimento (terminologia científica e técnica). Cada um desses caracteres foi geralmente escrito com uma "fonética" que correspondia à pronúncia no momento de sua criação e uma "chave" de categoria: a madeira para as árvores e os objetos de madeira, a erva para as plantas, a pedra para os minerais etc. A escolha dessa ou daquela chave intervém aqui no momento em que o caractere é composto.

Para as grafias anteriores aos Zhou – verbos, nomes de objetos usuais, partículas etc. –, a composição dos caracteres parece ter sido menos deliberada e menos sistemática: sua classificação por chaves se fez *a posteriori*, por ocasião das padronizações periódicas que marcaram a história da lexicografia chinesa, sem que houvesse sempre uma relação entre a chave e o sentido dos caracteres nos quais ela aparece. Citemos o exemplo da chave 13, que não é empregada como caractere independente e só tem existência nos dicionários – nos quais lhe atribuem o sentido de "confins, regiões fronteiriças". O caractere *ce*, cujo sentido atual é "documento" e que provém de uma forma arcaica que representa lâminas de bambu atadas juntas (os primeiros livros chineses), é classificado sob a chave 13, embora não tenha nenhuma relação na língua

---

9. Primeiro milênio antes da nossa era. (N.A.)

atual ou alguma ligação etimológica com os "confins". Era necessário colocar esse caractere em alguma parte: a forma de alguns de seus elementos é bastante semelhante à da chave 13 para que se pense eventualmente em procurá-la ali.

a) Empréstimos-rébus* e formação de caracteres novos – Quando há necessidade de escrever uma palavra até então só empregada na forma oral ou uma palavra nova, não se imagina uma combinação inédita de traços: utiliza-se um caractere existente, de mesma pronúncia, combinando-o ou não com um elemento discriminante (chave).

Por exemplo: havia na época arcaica um caractere que designava uma espécie de cereal, cujo nome se pronunciava, segundo a reconstrução de B. Karlgren, *lag*; não existia caractere para o verbo "vir", que se pronunciava do mesmo modo. Esse verbo foi então escrito com o caractere do cereal, supondo-se que a diferença de contextos evitaria confusões. Na época atual, esse caractere, que não é mais empregado para designar um cereal, serve exclusivamente para escrever "vir", que agora se pronuncia *lai*. O fato de esses empréstimos serem feitos sobre bases fonéticas prova, se houvesse necessidade de prova, que uma relação direta existiu, tão longe quanto se possa remontar no tempo, entre as formas escritas e orais do chinês.

Esses empréstimos não foram o começo de um processo de alfabetização porque permaneceram exclusivamente lexicais, nunca tendo se tornado sistemáticos. Por exemplo, o caractere *fu* "morcego" serve para escrever *fu* "felicidade", mas não pode ser empregado para nenhuma das outras palavras ou morfemas que se pronunciam igualmente *fu*.

---

* Rébus é um enigma feito de figuras e sinais cujos nomes produzem quase os mesmos sons que as palavras ou frases que eles representam. (N.T.)

É raro que se utilize por muito tempo o mesmo caractere para dois homófonos. Na maioria dos casos, introduz-se um elemento novo para distingui-los: a chave. Por exemplo, existiam duas palavras de mesma pronúncia, uma significando "alto" e a outra "seco, murcho". A primeira era escrita por meio de um caractere que representava uma torre. Tomou-se de empréstimo o traçado para escrever o segundo, mas, a fim de evitar confusões, acrescentou-se a chave da madeira. Esse exemplo mostra bem que as chaves não são classificações lógicas; geralmente são simples associações de ideias que justificam sua escolha.

Tal procedimento, que existia desde o início do primeiro milênio antes da nossa era, foi sistematizado por ocasião das grandes padronizações da escrita[10], em particular em 221 a.C., sob o imperador Qin shi Huang di. Muitos empréstimos-rébus tornaram-se então caracteres complexos, com o caractere homônimo emprestado sendo a "fonética", e o traçado discriminante acrescido, a chave.

Quando se escreve uma palavra nova, as duas operações são realizadas, na maioria das vezes, simultaneamente: toma-se emprestado um caractere de mesma pronúncia que a palavra ou morfema que se deseja escrever e então se acrescenta uma chave. Esse sistema permite multiplicar indefinidamente os caracteres, o que levou a excessos em algumas épocas: sobreposições de chaves, caracteres sem utilização etc. Os caracteres supérfluos rapidamente caem em desuso e são eliminados nos momentos das grandes padronizações.

Na época atual, evita-se geralmente formar caracteres novos. No domínio da física, por exemplo, as noções novas são traduzidas por palavras de duas ou várias sílabas, que são escritos com caracteres existentes.

Em domínios como a química, porém, há uma tendência a criar novos caracteres. A lista dos corpos simples

---

10. Ver Capítulo IV. (N.A.)

oferece uma boa ilustração da coerência do sistema e de seus limites. Cada corpo é designado por um caractere. Com exceção de *jin* "ouro", que é um caractere simples, todos os caracteres dessa lista pertencem à classe de que falamos aqui, a dos caracteres compostos que comportam um elemento fonético. Os que são gasosos à temperatura ordinária têm como chave o traçado do caractere *qi* "ar, gás" (hidrogênio, hélio, azoto, oxigênio, flúor, neônio, cloro, argônio, criptônio, xenônio, radônio); os líquidos à temperatura ordinária (bromo e mercúrio) têm como chave o traçado do caractere *shui* "água" (ou uma forma derivada, usual em composição); os sólidos dividem-se, conforme sejam metais ou metaloides, entre a chave do "metal" (traçado do caractere *jin* "ouro, metal") e a chave da "pedra". Percebe-se que essa classificação é mais mnemotécnica do que científica, já que as noções de estados gasoso ou líquido não se estabelecem no mesmo plano que a oposição de metal e metaloides.

Notemos que esses caracteres são de épocas diversas; uma dezena de corpos antigamente conhecidos, como o ferro ou a prata, conservara sua designação vulgar, enquanto os outros são, em sua maior parte, criações recentes.

b) Chaves e pesquisa nos dicionários – No que diz respeito ao vocabulário usual, a noção de "chave" geralmente só tem valor a título de organização lexicográfica.

Quando um leitor busca num dicionário chinês um caractere que tem sob os olhos, ele não sabe antecipadamente como se pronuncia. Isso explica por que as classificações de tipo alfabético só apareceram no século XX, sob a influência do Ocidente e relacionadas com os movimentos em favor da transcrição alfabética do chinês. Antes, com exceção dos grandes dicionários literários usados para os grandes concursos do mandarinato, que eram classificados por rimas, os dicionários chineses organizavam-se exclusivamente de acordo com um sistema de classificação gráfica por chaves.[11]

A primeira lista de chaves foi estabelecida no final do século I da nossa era por Xu Shen, autor do primeiro grande dicionário etimológico, o *Shuo we jie zi*. Nessa obra, que descreve cerca de dez mil caracteres, Xu Shen esforça-se por isolar, em cada caractere, os elementos componentes. Ele se inspira numa análise já milenar, dita dos *liu shu*, "as seis escritas", que reparte os caracteres conforme eles sejam: (I) imagens, (II) símbolos, (III) compostos semânticos, (IV) compostos que contêm a indicação do *som* e a do *sentido*, (V) construídos por simetria ou deslocamento a partir de um caractere existente, (VI) empréstimos-rébus. Essa análise decorre da teoria tradicional segundo a qual os caracteres primitivos eram desenhos, "imagens", todas as outras classes de caracteres tendo se desenvolvido a partir daí, por derivação ou composição.[12] Xu Shen determinou, entre os elementos "significantes", 540 signos gráficos ou "chaves", que lhe serviram de rubricas para classificar o conjunto dos caracteres estudados.

Sob cada chave os caracteres são dispostos numa ordem metódica; por exemplo, sob a chave da madeira encontram-se primeiro os nomes de árvores, depois as designações das partes de árvores, por fim nomes de objetos de madeira.

---

11. Françoise Bottero, *Sémantisme et classification dans l'écriture chinoise: Les systèmes de classement des caractères par clés du "Shuowen jiezi" au "Kangxi zidian"*, Paris, Collège de France/Institut des hautes études chinoises, 1996. (N.A.)

12. Chamamos (I) e (II) os caracteres simples, (III) os caracteres complexos que não contêm elemento fonético, (IV) os caracteres complexos que contêm um elemento fonético. As classes (V) e (VI) de Xu Shen não se situam no mesmo plano. A definição da classe (V) refere-se apenas às relações dos caracteres entre si. A definição da classe (VI) baseia-se num *procedimento* que se refere tanto aos caracteres simples quanto aos caracteres complexos. (N.A.)

A lista das chaves foi reduzida no século XVIII. O imperador Kangxi mandou então compilar um vasto dicionário (concluído em 1716). Essa obra recenseia cerca de 50 mil caracteres e os dispõe sob 214 chaves. Essas chaves são classificadas por número de traços em ordem crescente; para um mesmo número de traços, a ordem é arbitrária. Continua sendo necessário conhecer essa lista para utilizar os grandes dicionários e as enciclopédias chinesas. Os caracteres repertoriados sob uma mesma chave são ordenados pelo número de seus traços em ordem crescente: colocam-se primeiro os caracteres que têm somente um traço a mais que a chave, depois os que têm dois a mais, três a mais, e assim por diante.

O número de caracteres agrupados numa chave varia consideravelmente: pode chegar a 500 para algumas chaves, como as de nº 9 (homem), 30 (boca), 85 (água), 140 (ervas), enquanto algumas chaves reúnem menos de cinco caracteres, como as chaves 45 (crescimento vegetal), 65 (ramo), 83 (família) etc. Pode-se inclusive citar as chaves 183 (voar) e 213 (tartaruga), que parecem só ter sido incluídas na lista porque os lexicógrafos não sabiam o que fazer com esses caracteres: nos dicionários usuais, elas não são acompanhadas de nenhum caractere no qual entrariam em composição. Falamos aqui do sistema das chaves do *Kangxi cidian*, numeradas de 1 a 214.

Nos dicionários mais recentes (chinês contemporâneo), observam-se ainda grandes desigualdades de distribuição, apesar dos esforços de racionalização e da redução do número de chaves – que não são mais o modo de classificação principal.

Quando se procura um caractere num dicionário, olha-se primeiro quais são seus elementos componentes que se encontram na lista das chaves. Se houver somente um, não resta senão contar o número de traços para encontrar a seção do dicionário na qual é descrito o caractere procurado. Mesmo assim, é preciso identificar corretamente a chave. Por exemplo, *man* "completo" contém à esquerda o traçado da chave 85 (água) e no alto o traçado da chave 140 (ervas). Se soubermos que existe uma "fonética" comum a vários caracteres lidos *man*, que corresponde a toda a parte direita desse caractere, inclusive o traçado das "ervas", o problema está resolvido: busca-se o caractere na chave 85 (água), entre os que contêm onze traços acima da chave.

Se houver vários elementos gráficos pertencentes à lista das chaves num mesmo caractere, não há outra solução senão experimentá-los sucessivamente. Por exemplo, *xian* "sábio, virtuoso", é composto de três elementos que se encontram todos na lista das 214 chaves: 29 (ainda), 131 (súdito de um príncipe) e 154 (búzio). É nessa última chave que *xian* "sábio" é tradicionalmente colocado.

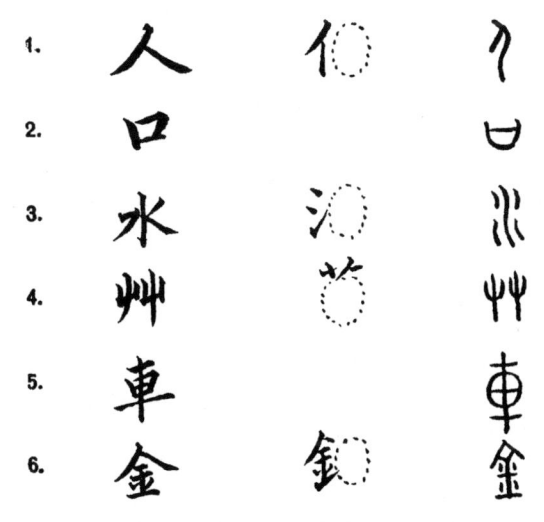

Figura 9 – Algumas chaves usuais (com as variantes em composição e exemplos de grafias arcaicas)
1. Chave nº 9, *ren*, homem. – 2. Nº 30, *kou*, boca. 3. Nº 85, *shui*, água. – 4. Nº 140, *cao*, ervas, vegetais. 5. Nº 159, *che*, veículo. – 6. Nº 167, *jin*, metal.

Desde a instauração da República Popular da China, os lexicógrafos introduziram importantes modificações. Em sua maior parte, os dicionários estão ordenados segundo a transcrição oficial *pinyin*. Índices por chaves subsistem e são indispensáveis aos muitos chineses, certamente ainda a maioria da população, que não estão familiarizados com o *pinyin*. Esses índices por chaves foram simplificados, por exemplo, suprimindo as que agrupavam apenas um número ínfimo de caracteres quando estes podem ser reclassificados em outra parte.

c) Número de caracteres. – O número de elementos gráficos é limitado, mas o de suas combinações possíveis é tão elevado que se pode considerar praticamente ilimitado. Como o próprio número das "unidades mínimas de sentido" é indefinido, não é possível indicar, para uma época dada, o número total de caracteres chineses em uso. Pode-se apenas fazer avaliações.

É claro que, se forem contados todos os caracteres desde que a escrita chinesa existe, incluindo as raridades, os "monstros sem uso", as variantes episódicas, chega-se a um número considerável, cerca de 80 mil, dizem. Contudo, esse número não tem significação alguma; nunca se utilizou, em nenhuma época, uma tal variedade de caracteres.

Atualmente, os dicionários usuais contêm pouco mais de nove mil caracteres, mas o número de caracteres que um indivíduo conhece é proporcional à extensão do seu vocabulário. Calcula-se que dois mil caracteres são suficientes para compreender a maior parte dos livros de divulgação; conhecendo-se de quatro a cinco mil caracteres, pode-se ler praticamente tudo o que é publicado. Trata-se de um conjunto aberto que cada um completa de acordo com suas leituras.

O número das palavras diferentes de um texto é necessariamente maior que o número dos caracteres utilizados, pois cerca de metade das palavras chinesas é escrita com dois caracteres. Não há relação determinada entre o número dos caracteres e o número das palavras à disposição de um indivíduo, mesmo que ele conheça os caracteres necessários para escrever todas as palavras do seu vocabulário. Com três mil caracteres é possível, teoricamente, formar quatro milhões e meio de grupos de dois caracteres. No entanto, um grupo qualquer de dois caracteres não constitui necessariamente uma palavra. Descontadas as terminologias especializadas, pode-se calcular o vocabulário usual em cerca de 50 mil palavras.

d) Tentativas de análise formal. – Se o som e o sentido dos caracteres forem deixados de lado para considerá-los como puros grafismos, pode-se analisá-los enquanto tais. Como o número de traços de um caractere é limitado, e como o número dos tipos de traços e das posições respectivas dos traços também o é, o conjunto teoricamente possível dos caracteres chineses não é infinito; porém, como foi dito antes, é um número extremamente alto e sem medida comum com o dos caracteres chineses efetivamente recenseados. Além disso, se forem feitas combinações sistemáticas de todos os tipos de traços em todas as posições possíveis, produzem-se compostos que, para os usuários do chinês, não podem ser caracteres. Nesse caso, teriam de ser explicitadas as exigências do sistema, as leis subjacentes que governam a organização dos traços.

Um problema idêntico coloca-se num segundo nível, que é o do agrupamento dos caracteres simples e dos elementos de caracteres. Eles não podem combinar-se livremente para formar caracteres complexos. O número das combinações conhecidas é muito inferior ao que resultaria da combinação dos cerca de 500 elementos básicos entre si.

Certamente sabemos que determinado elemento só pode estar à esquerda de um caractere complexo, outro na parte inferior, mas isso não é suficiente para estabelecer as regras do sistema.

Essas pesquisas intensificaram-se desde os anos 1980. Tratava-se não apenas de responder ao desafio que constitui a análise formal de um sistema gráfico complexo, mas também de propor modalidades cômodas de codificação informática dos caracteres chineses – ou dos *kanji* japoneses, isto é, daqueles caracteres que são utilizados na escrita do japonês. Pesquisas realizadas nos Estados Unidos, no Japão, em Taiwan e na própria China resultaram na elaboração de programas que permitem acessar os caracteres chineses num teclado alfabético padrão por meio das letras de um código. Esses programas, previstos também para a transcrição alfabética dos caracteres chineses, têm-se tornado bastante comuns na China e no resto do mundo.

Capítulo III

Diferenças entre a língua falada e a escrita

Um caractere chinês corresponde normalmente a uma sílaba que tem um sentido. No entanto, há um certo número de elementos da fala sem equivalência na grafia e elementos da escrita sem contrapartida na forma oral. Essas diferenças existem em todos os sistemas, mas elas variam conforme as escritas e também conforme as línguas. Em português, algumas marcas gramaticais são escritas e não são pronunciadas. Nas escritas alfabéticas de um modo geral, podemos citar as maiúsculas, que são marcas gráficas sem equivalentes na fala.

Com relação ao chinês, o inventário dessas diferenças envolve aspectos diversos da língua. Há casos marginais em que um caractere não é o equivalente de uma sílaba significante. No nível da frase ou do enunciado, essas diferenças são atribuídas, tanto em chinês quanto em muitas outras línguas, de um lado à segmentação e à acentuação da forma oral que a escrita não leva em conta e, de outro, aos efeitos da disposição numa página.

I. Caracteres

1. **Distinções que não existem na forma oral** – O pronome pessoal da terceira pessoa se diz *ta*, não importa o nome que ele substitui: *ta* pode designar um homem, uma mulher, um animal, uma noção ou um objeto. Na gramática chinesa não há nem masculino, nem feminino, nem neutro. Contudo, nas primeiras décadas do século XX, os linguistas chineses julgaram cômoda a oposição que se observa nas línguas europeias quanto à terceira pes-

soa (ele/ela, il/elle, he/she etc.). Na forma oral, a situação geralmente permite saber de quem ou de que se fala; nas mensagens escritas, é muitas vezes útil marcar explicitamente a distinção entre homem e mulher ou mesmo entre humano e não humano. De todo modo, os gramáticos têm pouca influência sobre o uso falado, enquanto a forma escrita está submetida a regras. Portanto, é agora recomendado utilizar três grafias distintas para o pronome *ta* (cf. Figura 10): a primeira (com a chave "homem") serve para os homens e em todos os casos mistos e indeterminados;

他	她	它
masculino	feminino	neutro

Figura 10 – Grafias de *ta*, ele, ela

a segunda (com a chave "mulher") serve em princípio apenas para as mulheres; a terceira, que serve para os animais, as coisas e as noções, tem um emprego mais restrito, porque em geral se evita a forma pronominal nesses casos. Tende-se assim a criar, na forma escrita dos pronomes, distinções de gênero que não existem na forma oral. Esse uso é comumente aceito a despeito do artifício de suas origens.

2. **Distinções que não existem na forma escrita** – Alguns caracteres têm uma dupla (ou uma tripla) leitura que corresponde a sentidos diferentes. Por exemplo, existe uma grafia que, conforme o contexto, se lê *xing* "está bem" ou *hang* "banco". Um outro caractere se lê às vezes *chang* "longo", como em *changjiu* "longo tempo", outras vezes *zhang* "crescer", como em *zengzhang* "aumentar". Esses casos são raros. Pode-se comparar essas diferenças ao que

ocorre em francês com *"les fils"* (os filhos homens) e *"les fils"* (os fios): não há confusão na forma oral entre essas palavras de sentidos diferentes, mas a grafia é a mesma.

Há também o caso de distinções de sentido evidentes não serem marcadas nem na forma oral, nem na forma escrita. Por exemplo, a sílaba *hui* é escrita com o mesmo caractere, quer signifique "reunião" ou "saber": temos aqui duas palavras que são ao mesmo tempo homófonas e homógrafas. Isso também é bastante raro: os homófonos são numerosos em chinês, mas um caractere, por mais rico que seja em sentidos derivados e em conotações diversas, geralmente tem só uma significação fundamental. A homonímia completa (falada e escrita) não é uma característica própria do chinês, ela ocorre em muitas outras línguas.

3. **Sílabas que não têm sentido** – O silabismo do chinês ("toda sílaba tem um sentido") possui poucas exceções, geralmente formas que podem ser consideradas como marginais do ponto de vista linguístico: palavras estrangeiras, onomatopeias etc. Seria de esperar que os caracteres que transcrevem essas sílabas tampouco tivessem sentido. Tal é o caso das exclamações, mas nem sempre o das onomatopeias ou das transcrições de palavras estrangeiras.

A) Onomatopeias – Onomatopeias dissilábicas como *yiya* (para o balbucio de uma criança pequena ou o ruído dos remos), *jiujiu* (para os gritos de pequenos animais), *haha* (para o som de uma gargalhada) ou *chacha* (para o ruído de um murmúrio) são evidentemente impossíveis de analisar: não se pode dizer que há o mesmo número de significados e de caracteres, pois estes nada mais são que a transcrição de um segmento sonoro.

Depois de alguns adjetivos ou verbos de qualidade, geralmente se acrescenta uma sílaba redobrada que especifica seu valor, por exemplo, *hong* "vermelho" em *hongtongtong* "vermelho vivo", *xiang* "cheirar bem" em *xiangpenpen* "cheirar deliciosamente bem". O caractere *tong* de *hongtongtong* significa "alcançar, atingir"; o caractere *pen* de *xiangpenpen* significa "cuspinhar, lançar perdigotos, irrigar por aspersão". Esses caracteres teriam aqui um valor puramente fonético, mas esse não é o caso mais frequente. Vimos, a propósito do "monossilabismo", que em muitas palavras compostas os caracteres perdem seu sentido original, a palavra composta tendo com este apenas uma relação etimológica ou de derivação, porém sempre resta uma rede mínima de conotações. Quando se "transcreve" foneticamente uma série de sílabas por caracteres chineses, procura-se escolher caracteres cujo sentido se harmonize com o das palavras transcritas. Por exemplo, *lüyouyou*, que significa "verde brilhante", é escrito com os caracteres *lü* "verde" e *you* "azeite".

B) Palavras de origem estrangeira – As relações do chinês nas épocas arcaicas com outras línguas do grupo sino-tibetano são mal conhecidas e, como essas línguas têm igualmente uma estrutura silábica, os empréstimos eventuais se comportam, no que concerne à relação língua-escrita, como as palavras autóctones. O mesmo não acontece quando se trata dos contatos com as línguas indo-europeias, turcas ou semíticas.

Não há como reconstituir aqui a história das relações da China com o mundo exterior: fatos como o intercâmbio de técnicas com o Oriente Próximo neolítico, o comércio com o mundo árabe ou as alternâncias de expulsão, integração ou penetração dos povos turcos do Noroeste, certamente tiveram sobre a língua chinesa alguma influência, mas esta é difícil de discernir e está muito expandida no tempo. Foram identificados, porém, alguns nomes de plantas[1] ou de animais. Citemos, entre os raros morfemas dissilábicos do chinês moderno, *putao*

---

1. Berthold Laufer, *Sino-Iranica*, Chicago, 1919. Reeditado em Taipé, 1967. (N.A.)

"uva", termo importado do mundo iraniano no começo de nossa era. Em contrapartida, convém insistir na amplitude da irrupção de palavras estrangeiras que se produziu em três momentos: vocabulário indo-europeu (sobretudo sânscrito) com a introdução do budismo na China no começo da nossa era, introdução do turco-mongol durante a dinastia dos Yuan (1279-1368) e novamente do indo-europeu (sobretudo inglês e russo) com a influência do Ocidente e das técnicas europeias a partir da segunda metade do século XIX. A adoção de inúmeras palavras japonesas ocorreu em circunstâncias análogas.

a) Transcrições búdicas – A preocupação em conservar a pronúncia original exata dos termos de conteúdo religioso obrigou os tradutores a transcrevê-los respeitando as sílabas da palavra sânscrita, procurando encontrar caracteres cuja pronúncia se assemelhasse tanto quanto possível à das sílabas sânscritas. Os intérpretes budistas não fizeram esse trabalho de uma maneira definitiva, escolhendo para cada som da língua sânscrita um caractere chinês representativo; ao contrário, há uma grande variedade de formas homófonas. "Não havendo como se sujeitar a uma lei comum, cada um pode empregar à vontade um signo diferente para representar o mesmo som indiano"[2], escrevia Stanislas Julien, que recenseou "mais de 1.200 caracteres diferentes para pronunciar as 42 letras do alfabeto indiano".

A evolução fonética do chinês ao longo dos séculos foi evidentemente considerável. Os caracteres não apenas não conservam vestígio dessa evolução, como também a escrita, não contendo testemunho direto das pronúncias de uma época, nunca influiu sobre a pronúncia das épocas posteriores. Se lemos, com a pronúncia atual em pequinês, uma palavra sânscrita transcrita em chinês no século VII

---

2. Stanislas Julien, *Méthode pour déchiffrer et transcrire les mots sanscrits qui se rencontrent dans les livres chinois*, Paris, 1861. (N.A.)

da nossa era, não temos nenhuma chance de identificar essa palavra. Para conseguir isso, é preciso ou dispor de textos bilíngues, ou restituir a pronúncia desses caracteres em chinês antigo.

Assim, as palavras sânscritas polissilábicas foram traduzidas por sequências de caracteres chineses cujo sentido não estava necessariamente relacionado ao da palavra transcrita: são grupos de caracteres de valor fonético que não se pode analisar quanto ao sentido. Contudo, a existência de múltiplas formas para um mesmo som sânscrito talvez não seja apenas um efeito do acaso; pode corresponder ao desejo dos tradutores de fazer intervir, na escolha de seus caracteres, outros critérios que não a simples adequação fonética.

Na língua atual, não resta muita coisa dessas transcrições, porque elas se referiam principalmente a nomes próprios do panteão budista. Além disso, os chineses rapidamente elaboraram, sempre que possível, uma "tradução" sem relação fonética com a palavra sânscrita, porém mais transparente para os usuários.

b) Palavras de origem estrangeira introduzidas nos séculos XIX e XX – Pode-se apresentar esquematicamente a maneira como as palavras estrangeiras foram traduzidas, partindo-se de duas soluções extremas:

– a palavra estrangeira é analisada em sílabas não significantes e transcrita foneticamente. Por exemplo, "lógica" se escreve em dois caracteres que se leem *luoji* e que não têm relação alguma com a noção de lógica;

– a palavra estrangeira é analisada semanticamente e transcrita por caracteres que exprimem o sentido em questão; nesse caso, os caracteres não têm necessariamente a mesma pronúncia que a palavra estrangeira e pode acontecer que nada, no aspecto fônico da palavra chinesa, lembre a palavra estrangeira.

Enquanto as palavras obtidas pelo procedimento de transposição fônica, como *luoji* "lógica" e *shafa* "sofá", geralmente são ainda sentidas como palavras importadas, as transcrições semânticas são mais facilmente naturalizadas. Palavras como *huoche* "trem" (*huo* "fogo", *che* "veículo") ou *zixingche* "bicicleta" (*zi* "si mesmo", *xing* "ir", *che* "veículo") estão integradas ao sistema chinês: a palavra constitui um todo funcional no qual cada caractere conserva, no entanto, suas conotações. As palavras compostas ou aquelas cuja etimologia é transparente na língua constituem um caso particular em que se faz a transposição facilmente.

Seja qual for o procedimento, esses neologismos nem sempre se fixam de imediato, e acontece de um termo mudar cinco ou seis vezes de aspecto antes de entrar definitivamente em uso. O procedimento fonético funcionou sobretudo para algumas palavras difíceis de interpretar ("lógica"), para as designações vulgares de objetos concretos ou de instrumentos estrangeiros ("bomba" num caractere que se lê *beng*, aproximação do inglês "*pump*") e para os nomes próprios ("aspirina" em quatro caracteres que se leem *a-si-pi-ling*; "Paris" em dois caracteres que se leem *Bali*). Muito difundida nos grandes portos do Sul na época das concessões estrangeiras e, mais recentemente, desde a abertura da China nos anos 1980, é a maneira de agir do indivíduo que se vê diante de um objeto desconhecido: ele reproduz da melhor forma possível a designação empregada pelas pessoas que introduziram o objeto. Assim que esses "decalques fonéticos" entram na fala, transmite-se a forma oral com quaisquer caracteres, quando se quer designar por escrito os objetos em questão; numerosas variantes gráficas podem coexistir durante um certo tempo até que se fixe o uso.

O segundo procedimento corresponde mais a um contato livresco: o tradutor de uma obra inglesa, russa ou francesa, confrontado a um nome de objeto ou de noção para o qual não existe equivalente em chinês, não está interessado em exprimi-lo por caracteres de mesma pronúncia que não corresponderiam a nenhuma forma oral da língua. Ao contrário, ele precisa evocar o objeto ou a noção estrangeira através dos caracteres escolhidos. Há numerosas variantes, diferentes tanto na leitura quanto no aspecto gráfico; enquanto o novo termo não entrou no uso chinês, cada tradutor pode encontrar uma maneira mais astuciosa que os predecessores de exprimir o sentido da palavra estrangeira.

Esse segundo procedimento é geralmente preferido na medida em que preserva o valor significante dos caracteres. Por exemplo, a palavra para "parlamento" era outrora transcrita em chinês por três caracteres que se liam *balimen* (aproximação fonética do inglês *parliament*) e não tinham relação alguma de sentido com o objeto considerado (*ba*, nome de um antigo reino do Sseu-tchuan*, *li* "força", *men* "porta"). Essa transcrição caiu há muito em desuso e agora se escreve *guohui*, com os caracteres *guo* "Estado" e *hui* "assembleia". É sob essa forma que a palavra entrou no uso falado. Acontece de os dois procedimentos subsistirem; por exemplo, "motor" se diz geralmente *mada* (transcrição fonética), mas os textos técnicos preferem empregar *fadongji* (literalmente: aparelho que põem em movimento). Encontra-se igualmente *mada* nesses textos, mas com o valor mais preciso de "pequeno motor elétrico".

Na prática, verificam-se muitas soluções mistas. Quando há uma razão de conservar uma analogia com a forma estrangeira, quer tenha já entrado no uso falado chinês, quer se trate de um nome próprio, os primeiros a transcrevê-la procuram escolher caracteres adequados não apenas quanto ao sentido, mas também quanto aos sons. É a razão pela qual existem poucos exemplos "puros" de ambos os procedimentos. As transposições aceitáveis dos dois planos são, de fato, muito apreciadas. Citemos alguns exemplos:

---

* Ou Sichuan, província do centro-oeste da China. (N.T.)

– "vitamina" se escreve com três caracteres que se pronunciam *weitaming* e significam "proteger sua vida";

– "xampu" se escreve com dois caracteres que se pronunciam *xiangbo* (cf. inglês "*shampoo*") e significam "perfume – fluxo".

Há também soluções híbridas. Por exemplo, "cerveja" se escreve com dois caracteres que se pronunciam *pijiu*: o primeiro, *pi*, é uma pura transcrição da inicial do inglês *beer*, não tendo nenhum sentido nem outro uso a não ser nessa palavra; o segundo, *jiu*, é um caractere usual que significa "álcool".

Em suma, pode-se dizer que os chineses têm repugnância de empregar caracteres desprovidos de seu sentido.

4. **Segmento menor que a sílaba: -r** – Um certo número de palavras (monossílabos ou grupos dissilábicos) pode, em chinês do Norte, particularmente no linguajar pequinês, ser acompanhado da retroflexa* final *-r*. Por exemplo: *hua-r* "flor", *wan-r* "divertir-se", *shihou-r* "momento", *jin-r* "hoje". Esse *-r* nunca é acentuado: ele não pertence ao sistema dos tons melódicos. Por outro lado, as distinções entre alguns tipos de finais desaparecem na sílaba que precede *-r*. Por exemplo, as sílabas *lai*, *lan* e *la*, quando são seguidas de *-r*, não se distinguem mais umas das outras; pronunciam-se de maneira idêntica nos três casos: *lar*. Assim, parece que se deve considerar *-r* como uma parte da sílaba, e não como sílaba independente. Esse *-r* é ou obrigatório ou facultativo. Nos casos em que se pode omiti-lo, é às vezes significativo (diminutivo, por exemplo) e outras vezes não. A abundância dos *-r* "vazios de sentido" é uma questão de estilo, sendo muito característico do discurso "pequinês": costuma-se

---

* Consoante articulada com a ponta da língua dobrada para trás sob o palato. Corresponde ao *r* caipira em *porta*. (N.T.)

zombar das pessoas do Sul pois, quando aprendem o linguajar da capital, colocam sistematicamente -*r* no final de todos os nomes. É muito evidente que esse elemento, às vezes significante e outras vezes não, não é uma "sílaba que tem um sentido". Trata-se de um fonema à margem do sistema do chinês falado.

Contudo, esse -*r* pode ser representado na grafia por um caractere (idêntico ao que representa "filho, criança"). A utilização desse caractere para o -*r* não acentuado final é, em larga medida, facultativa. Muitos autores não o empregam, tendo o leitor a liberdade de ler com ou sem -*r*. Portanto, no plano da escrita, existe a escolha entre duas soluções mais ou menos aberrantes: representar -*r* por um caractere que não corresponde a uma sílaba e geralmente tampouco a um sentido, ou não transcrevê-lo, o que equivale a tratar um segmento do discurso como simples elemento prosódico. Teoricamente, haveria a solução intermediária que consiste em só escrever -*r* quando tem um sentido. Isso depende em grande parte da apreciação individual. Em realidade, no uso atual, pode-se escrever ou não escrever -*r*.

II. Frases

1. **Curva melódica** – A ausência de transcrição gráfica da curva melódica da frase não é um traço particular do chinês. Porém, esse traço, banal em si, tem consequências mais importantes em chinês do que em outras línguas, nas quais, com exceção das marcas de interrogação e de imperativo, ele geralmente tem a ver apenas com a entonação. Em chinês, a posição do segmento mais acentuado costuma ser uma marca gramatical. Por exemplo: *wo dou zhidao* (*wo* "eu", *dou* "tudo, mesmo", *zhidao* "saber") significa "eu sei tudo" se *wo* não é o ponto culminante da curva melódica; se, ao contrário, *wo* é especialmente acentuado, essa frase significa "mesmo eu sei". A forma

escrita, privada desse elemento distintivo, corre o risco de ser ambígua. Na verdade, isso é compensado, na língua escrita contemporânea, por redundâncias que a forma oral não conhece – nela encontramos, por exemplo, mais conjunções de subordinação do que no discurso falado.

2. **Pontuação** – Os textos antigos não eram pontuados.[3] Todo estrangeiro que estudou a língua antiga lembra-se de seus primeiros desencorajamentos diante de textos em bloco, em que o limite das frases não é marcado. Aprende-se a identificar onde começam e onde terminam as frases. Um letrado chinês sentirá prazer em anotar ele mesmo os pontos fortes ou as pausas do texto traçando com cuidado pequenos círculos de tinta vermelha nas margens de seus livros. Para os textos clássicos, em que o papel do ensino oral era importante, a aquisição do ritmo certamente se fazia com facilidade; para os textos administrativos, jurídicos, técnicos, certas fórmulas estereotipadas permitiam ao leitor localizar-se.

A pontuação, na China, é de uso recente. Em novembro de 1919, professores enviaram uma petição ao ministro da Educação, solicitando a adoção de um sistema de pontuação imitado do inglês. As revistas de pedagogia e os livros de divulgação ainda reservam, atualmente, um lugar importante aos artigos que tratam do bom uso dos sinais de pontuação.

3. **Destaque** – A escrita chinesa não tem o equivalente nem de nossas maiúsculas, nem de nossos itálicos: todos os caracteres possuem num texto a mesma dimensão. Contudo, nos livros acompanhados de comentários

---

3. No entanto a pontuação não era ignorada, como o comprovam, por exemplo, textos descobertos em Dunhuang. Cf. Jean-Pierre Drege, "La materialité du texte. À propos de la mise en page et de la mise en texte du livre chinois", in V. Alleton (ed.), *Paroles à dire, paroles à écrire: Inde, Chine, Japon*, Ed. EHESS, 1997. (N.A.)

ou notas, estes aparecem em caracteres menores do que o texto propriamente dito.

Em alguns manuais escolares, os nomes próprios são sublinhados, mas esse costume é pouco difundido: isso nunca acontece nos romances nem nos jornais.

III. Disposição na página

Lembremos que tradicionalmente os caracteres eram dispostos em colunas verticais traçadas de cima para baixo. Essa disposição deriva daquela dos primeiros livros chineses, formados pela justaposição de tabuinhas de bambu, atadas por laços, que estiveram em uso do século V a.C. até o século III d.C. juntamente com obras escritas em seda. A leitura de um texto escrito verticalmente começa pelo ângulo superior direito do suporte, da página ou da estela. No entanto, a disposição em linhas horizontais não tardou a aparecer. Assim, encontramos em alguns livros antigos linhas horizontais, mas sempre escritas da direita para a esquerda; foi modificada apenas uma das regras da disposição na página. Essa disposição era muito antiga acima das portas dos templos, cujas inscrições eram normalmente traçadas da direita para a esquerda. Uma das primeiras gramáticas do chinês, a do padre Prémare[4], é lida em ziguezague, da esquerda para a direita no texto latino, da direita para a esquerda nos exemplos chineses.

Embora a disposição horizontal com leitura da esquerda para a direita, começando pelo ângulo superior esquerdo do suporte, conforme o uso europeu, seja de uso geral na República Popular da China[5], todos os jornais

---

4. Prémare, *Notitiae linguae sinicae*, Malaca, 1831. (N.A.)

5. Em 1º de janeiro de 1955, o jornal diário *Guangming ribao* adotou a disposição horizontal; 70% das revistas fizeram a mudança nessa data. Um ano depois, em 1º de janeiro de 1956, o *Renmin ribao (Diário do Povo)* e todos os outros jornais do país também mudaram a disposição. (N.A.)

jogam com a possibilidade de combinar, em sua paginação, o antigo e o novo sistema. Mesmo uma publicação tão austera como *O Diário do Povo* vale-se dessa possibilidade.

Desde 1967, todos os livros são escritos horizontalmente na China popular. A disposição vertical só se verifica nas reedições de obras clássicas, para as quais se utiliza a reprodução ou de tiragens feitas a partir de antigas pranchas ou de edições particularmente bem-sucedidas.

Em Hong-Kong, a disposição vertical continua sendo a mais comum. Em Taiwan, usa-se um ou o outro sistema em função de critérios diversos. Escreve-se ou imprime-se verticalmente o que é formal, como as leis, os decretos, os cartões de visita, o que é considerado como o fundamento da civilização, como os cursos de língua chinesa na escola, o que é destinado a um público amplo, como os jornais e os romances, o que deve ser particularmente legível, como os livros infantis. Em troca, escreve-se horizontalmente a correspondência comum, as notas tomadas durante cursos ou conferências, os recibos bancários, os materiais de ensino de matérias que não sejam a língua. Os livros científicos que contêm números também são escritos horizontalmente.

No Sudeste asiático, os letreiros das lojas chinesas são tanto verticais quanto horizontais. No último caso, eles são lidos ou da esquerda para a direita (à europeia) ou da direita para a esquerda.

Até pouco tempo, não se distinguia em chinês escrito um poema de um texto em prosa. A métrica chinesa baseou-se desde as origens em um sistema de rimas já atestado no *Shijing*, o "Livro das Odes", que remonta ao primeiro milênio antes da nossa era. Em sua forma clássica, ela comportava também contrastes de tons. Após alguns séculos de evolução da língua, esses elementos foram bastante alterados. Na poesia da época dos Tang, por exemplo (séculos VIII e IX da nossa era), que foi transmitida em forma gráfica, os pares de caracteres cujas leituras rimavam na origem agora não rimam mais necessariamente. Quanto ao sistema de tons, ele foi profundamente modificado sobretudo em relação ao pequinês, que está na base do chinês comum. Um poema da época Tang, lido em chinês moderno, perde uma boa parte do que fazia sua harmonia sonora. No entanto, a poesia antiga é ainda amplamente apreciada na China; podemos supor que as correspondências gráficas, visuais, suprem o que foi perdido das correspondências tonais.

O elemento básico da poesia chinesa é o dístico. Em muitos casos, os dois versos que o constituem são paralelos, ou seja, os sons, as imagens evocadas e as grafias ou se correspondem ou se opõem. Contudo, só encontramos dois versos paralelos escritos lado a lado nos *duilian* "painéis simétricos", ornados de caligrafias, que são pendurados nas paredes das peças ou num lado e no outro das portas. Tanto nos livros quanto nas bordas das pinturas, os poemas são escritos de forma contínua: como os versos sempre têm cinco ou sete sílabas, não há convenção análoga à da mudança de linha no começo de cada verso. Assim, o início de um verso não coincide necessariamente com o alto de uma coluna. Disso resulta que dois versos paralelos em geral não se encontram exatamente à mesma altura. Isso não impede que a leitura linear do texto seja acompanhada de certa percepção do verso paralelo.

Jogos gráficos – Os caracteres constituem um material de escolha para os mais diversos tipos de jogos gráficos ou jogos de palavras, sejam eles palíndromos, trocadilhos, enigmas figurados etc.

Um palíndromo é um grupo de palavras que pode ser lido indiferentemente da esquerda para a direita ou da direita para a esquerda, conservando a mesma significação. Em geral, isso só é possível – em português, em que a inversão se faz letra por letra – não levando em conta, num dos dois sentidos, as separações entre as palavras. Tomemos o exemplo do palíndromo "*a torre da derrota*":

para ler essa frase da direita para a esquerda, deve-se imaginar um deslocamento dos espaços em branco – *atorred ad errot a*. Não é o que acontece em chinês, em que não se trata de inverter cada sílaba – o que, na maioria dos casos, seria fonologicamente impossível –, mas de jogar com os caracteres (portanto, com sílabas que têm um sentido) como peças distintas e autônomas. É claro que os chineses não se contentam em tirar partido das duas direções da horizontal: são imaginados textos que têm leitura multidimensional ("poemas-blocos"), ou que podem ser lidos segundo certos percursos, cujo próprio traçado teria um valor simbólico ("poemas-labirintos").

Pode-se também, misturando os planos (caracteres, elementos de caracteres, traços, leitura e sentido), criar "astúcias" as mais diversas, das quais os chineses não se privam. Um exemplo usual é o dos nomes próprios. Existe na China uma centena de nomes de família usuais, em sua maior parte monossílabos. Quando alguém apresenta seu nome, confusões são possíveis. Por isso, surgiu o hábito de dar para cada nome de família uma descrição convencional, enumerando os elementos gráficos do caractere correspondente a esse nome. Por exemplo, uma pessoa chamada Li se apresentará assim: *wo xing Li, mu, zi Li* "eu me chamo Li, Li" (que se escreve) "madeira", "filho". De fato, o caractere Li é escrito com o traçado de *mu* "madeira" e de *zi* "filho"[6] (cf. Figura 11).

我 姓 李 木 子 李

Figura 11 – Glosa do nome de família Li

---

6. Há dezesseis outros nomes de família que se pronunciam igualmente *Li*, mas que se escrevem com caracteres diferentes (segundo o *Repertório dos nomes de família*, Ed. dos Correios e Telecomunicações Chineses, 1984). Cf. Vivianne Alleton, *Les chinois et la passion des noms*, Paris, Aubier, 1993. (N.A.)

No nível dos jogos gráficos, isso produz enunciados em que caracteres simples justapostos são acompanhados de um caractere complexo feito precisamente desses elementos simples. Pode-se citar o seguinte esquema:

```
A B     x     AB    C    D    CD
E F     x     EF    G    H    GH
```

Um lenhador encontra um viajante e lhe diz:

此 木 是 柴 山 山 出

"Essa madeira é combustível; todas as montanhas a produzem." O 4º caractere, *chai* "combustível", é formado dos dois primeiros, *ci* "esta" e *mu* "madeira"; o último caractere, *chu* "produzir", é formado de *shan* "montanha", duplicado (5º e 6º caracteres). O viajante responde num esquema análogo:

因 火 成 烟 夕 夕 多

"Já que os fogos produzem fumaça, há muita fumaça toda noite." O 4º caractere é formado pelo 1º + o 2º; o último, pelo 5º + o 6º.

Figura 12 – Jogos gráficos

O caractere suplementar *x* permite formar versos de sete sílabas e oculta a chave do jogo de palavras para que este não se mostre à primeira vista.

IV. Interesse desses fatos para a teoria da escrita

Concorda-se geralmente em definir a escrita como um código gráfico, em relação unívoca com um sistema linguístico, o nível com o qual se estabelece essa relação sendo variável. Vimos no Capítulo I que, em chinês, ao caractere, *signo* completo, corresponde a uma sílaba que tem um sentido.

O ponto sobre o qual tanto os linguistas quanto os filósofos têm opiniões divergentes é a natureza dessa relação entre a língua falada e a escrita. Para uns, a fala vem primeiro, e a escrita é somente a "fotografia" da língua falada[7], "as formas escritas são símbolos secundários dos símbolos falados, são símbolos de símbolos"[8], "o linguista não leva em conta, em princípio, os fatos de grafia", cujo estudo, distinto, só poderia ser um anexo da linguística.[9] Esta, de modo geral, é a posição dos estruturalistas clássicos.

Inversamente, para os linguistas que invocam a "glossemática"* (Hjelmslev, Escola de Copenhague), a linguagem é um sistema abstrato que se realiza numa "substância" que pode ser tanto um "fluxo de tinta" quanto um "fluxo de ar".[10]

A escrita chinesa oferece argumentos aos defensores de uma especificidade da escrita em relação à fala, e alguns creem encontrar nela a prova do caráter radical dessa especificidade. Todavia, os psicolinguistas demonstraram que, no processo de leitura, o aspecto fônico não desempenhava um papel menos importante em chinês do que nas escritas alfabéticas. Embora por muito tempo se tenha acreditado que em chinês as percepções visuais eram dominantes, constatou-se que as diferenças com a leitura alfabética não são significativas quando os sujeitos testados são monolíngues. Considerando a forma única da

---

7. Saussure. (N.A.)

8. Sapir, *Le langage*, p. 26. (N.A.)

9. A. Martinet, op. cit., p. 1-2. (N.A.)

* Teoria que concebe a língua como forma separada da substância e organizada em dois planos, o da expressão e o do conteúdo. (N.T.)

10. H.J. Uldall, *Speech and writing* (Readings in Linguistics, II, 1966). Ver também Jacques Anis et al., *L'Écriture, théorie et descriptions*, Bruxelas, De Boeck, 1988. (N.A.)

escrita ensinada em toda a China, um bilíngue que disponha de dois usos falados, por exemplo, a língua comum de Pequim e o dialeto de Cantão, reagirá a um estímulo oral com uma velocidade relativamente mais lenta do que a um estímulo escrito. Porém, quando se estudam chineses monolíngues (originários do Nordeste do país, por exemplo), esse efeito desaparece, e os resultados dos testes não indicam maior vantagem da percepção visual do que nos testes com sujeitos anglófonos. De modo geral, os estudos de psicologia experimental mostram que, no que diz respeito à leitura, as especificidades indiscutíveis da escrita chinesa não criam diferenças relevantes em relação às escritas alfabéticas.

Por fim, é importante distinguir o uso propriamente linguístico da escrita, que forma texto e se lê, da contemplação das formas gráficas. O "congelamento da imagem" – que nas palavras das línguas europeias apenas sugere devaneios – é o suporte, em chinês, de uma infinidade de construções de ordem poética. Esses dois modos de existência da escrita, o linguístico e o poético, estão habitualmente separados; eles se articulam nos jogos de palavras, no discurso com os nomes próprios e em toda uma série de práticas mais importantes na China do que nas sociedades europeias atuais.

Capítulo IV

Evolução dos estilos de escrita

O traçado dos caracteres modificou-se ao longo do tempo. Distingue-se um certo número de etapas nessa evolução. Mesmo assim, a escrita chinesa permaneceu, desde os primeiros testemunhos que temos dela até os nossos dias, idêntica em seus princípios e em sua estrutura. O que mudou foram as técnicas de execução, os tipos de traços, o estilo.

Os primeiros conjuntos de espécimes bem conservados de escrita chinesa são relativamente tardios: são inscrições em ossos e carapaças de tartaruga datadas da metade do século XIII a.C., época em que o sistema havia atingido, no essencial, seu pleno desenvolvimento. Os vestígios do neolítico que nos poderiam esclarecer sobre esses começos ainda são objeto de controvérsias. Até hoje, não dispomos senão de sinais esparsos: na ausência de séries legíveis, não se poderia falar de escrita.

A data tardia dos primeiros textos em escrita chinesa (mais de dezenove séculos depois da Suméria) pode sugerir um estímulo vindo do Oriente Próximo – certamente não empréstimos diretos, mas o despertar de um interesse por uma técnica útil. Contudo, a notável adequação da escrita chinesa ao silabismo dessa língua argumenta em favor de uma origem autóctone.

Foi a partir de um repertório de formas que representam objetos, conforme indicamos na Introdução, que os inventores desse procedimento técnico específico que é a escrita construíram uma parte das primeiras grafias: *yu* "peixe" figurava um peixe com uma cabeça, uma cauda, barbatanas, um corpo coberto de escamas; todos esses elementos subsistem no caractere atual, mas tão esquematizados que são irreconhecíveis; *ma* "cavalo" comportaria, segundo a interpretação mais geral, os traços característicos de um cavalo, uma crina e quatro patas; *men* "porta" é esquematizado por dois batentes de porta bem afastados etc. A partir do momento em que a escrita foi estabelecida, essas formas passaram a se relacionar a palavras, e não mais a imagens.

Antes de falar da história dos diferentes estilos conhecidos, é útil evocar as teorias tradicionais chinesas relativas às origens.

I. As origens míticas

A tradição chinesa oferece uma profusão de lendas. Os três imperadores – Fu Xi, Shen Nong e Huang di, considerados como os fundadores da civilização chinesa – teriam intervindo na elaboração da escrita: o primeiro teria criado os trigramas divinatórios; o segundo, os cordões com nós; o terceiro teria presidido a transcrição dos sinais da natureza.

1. **Os trigramas** – Os trigramas (*bagua*) consistem numa série de oito símbolos, formados de segmentos de reta, com comprimento igual, interrompidos ou não e dispostos em três níveis. Alguns os consideram como uma das origens da escrita chinesa. Materialmente, é pouco verossímil: eles têm somente linhas retas, enquanto os mais antigos caracteres conhecidos são formados de linhas curvas, e as combinações abstratas dos trigramas não explicam de maneira alguma inúmeros caracteres primitivos com traçados complexos. Os que iniciaram essa tradição percebiam, tanto quanto nós, o distanciamento material das formas: a ligação que eles estabeleciam entre os *bagua* e a escrita provavelmente não era técnica, mas sim ideológica.

2. **Os cordões com nós** – O imperador Shen Nong teria ensinado o povo a fazer nós para o cálculo e o regis-

tro de acontecimentos. As descrições dos autores chineses que relatam essa tradição evocam os quipos dos incas. Não é improvável que tal sistema de catalogação e de contagem fosse usado numa época em que a escrita era pouco desenvolvida. Mas também aqui é difícil admitir uma filiação direta desse modo de expressão às formas gráficas. Nesse caso, o acento deve ser posto na função desses códigos, tal como é descrita nos textos antigos: registrar os acontecimentos e sacramentar os contratos. Os cordões com nós não seriam uma escrita no sentido em que a definimos no Capítulo I, pois não comportavam, ao que sabemos, uma "leitura" necessária. No entanto, eles prefiguravam algumas das funções sociais da escrita: manter a lembrança de um passado histórico, assegurar a perenidade dos vínculos contratuais entre os membros da sociedade.

3. **Sinais da natureza** – No reinado de um terceiro imperador semimítico, Huang Di – que teria vivido no século XXVI a.C. –, um ministro chamado Cang Jie teria inventado a escrita chinesa tal como a conhecemos, "após ter estudado os corpos celestes e suas formações e os objetos naturais a seu redor, em particular as pegadas das aves e dos animais". Retenhamos o aparecimento de um tema que será com frequência retomado a seguir: a relação da escrita com a natureza. Isso diz respeito ao ato de escrever em vários níveis:

– função do discurso escrito, ao mesmo tempo "emblema" (cf. Marcel Granet) e princípio organizador do mundo;

– forma dos caracteres, dos quais muitos elementos representam – sem que haja uma ligação necessária com o sentido do caractere – esta ou aquela realidade natural, como água, fogo, ervas, madeira, cavalo etc.;

– desenhos de cada traço que devem, ao menos para o letrado calígrafo, ser inspirados pela contemplação dos movimentos da natureza: água escorrendo em cascata, voo dos pássaros, caniços balançando ao vento etc.

II. Primeiros vestígios: ossos e carapaças

1. **Descoberta** – Durante o inverno de 1898-1899, em consequência das cheias de um rio que arrastaram terras, "fragmentos de carapaças de tartaruga e de omoplatas de cervos inscritas" vieram à superfície numa aldeia próxima de Anyang, cidade da província de Henan situada ao norte do rio Amarelo. Inicialmente considerados como "ossos de dragão" pelos habitantes e reduzidas a pó para serem vendidos como medicamento, um bom número desses fragmentos, cerca de três mil, após algumas peregrinações na China agitada pela insurreição dos Boxers e pela intervenção estrangeira que se seguiu, chegaram a Xangai, às mãos do letrado Liu E (ou Lieou Ngo). Ele publicou, em 1903, um livro em chinês sobre o assunto, com 800 reproduções de estampas das inscrições. A primeira decifração apareceu em 1904. A descoberta foi assinalada no exterior por Frank H. Chalfant, num estudo sobre a escrita chinesa arcaica, *Early Chinese Writing*, publicado no volume de 1906 das *Memoirs of the Carnegie Museum*. Logo se seguiram estudos sistemáticos e escavações arqueológicas que forneceram um material considerável.

2. **Descrição** – Os ossos e as carapaças trazem numa de suas faces alvéolos escavados a intervalos regulares, nos quais se aplicava uma ponta de bronze incandescente. Disso resultavam na outra face rachaduras que eram interpretadas para fins divinatórios. Uma pequena parte desses objetos rituais traz inscrições em sua face rachada. Enquanto as rachaduras visavam provavelmente à comunicação com os antepassados ou os deuses, as inscrições tinham por função arquivar *posteriormente* algumas das

questões submetidas à adivinhação. Elas não possuem, como se afirma com frequência, uma função diretamente oracular.[1] Por fim, o fato de se identificar palavras gramaticais, de se poder descrever a gramática desses textos, prova que se trata realmente da escrita de uma língua real, e não de uma simples anotação mnemotécnica.

Os caracteres estão gravados em colunas verticais, de cima para baixo. Essas colunas dispõem-se ou da esquerda para a direita, ou da direita para a esquerda. Os caracteres têm tamanho desigual e o comprimento das linhas também é desigual. Um mesmo caractere nem sempre está orientado como o estará regularmente nas épocas posteriores: ora aparece aprumado, ora deitado de lado. Tudo isso pode ser atribuído às desigualdades do suporte. Além disso, há caracteres esparsos em grupos de dois ou três, separados das inscrições principais ou ao lado destas. Foram identificadas três espécies de inscrições auxiliares: cifras que numeram as diferentes partes do osso ou da carapaça, certamente para marcar a ordem na qual deviam ser examinadas as rachaduras; caracteres isolados ou aos pares, dispostos em colunas, que interpretam as rachaduras como de bom augúrio ou não; grupos de três caracteres em linha que descrevem o aspecto físico, material do suporte, depois que ele foi aquecido. Essas menções acessórias indicam que a escrita aqui não é apenas parte do rito, mas também instrumento a serviço da identificação, da classificação e do registro dos dados.

Deve-se sublinhar ainda que os grupos de dois caracteres em colunas foram chamados pelos filólogos chineses *hewen*, "caracteres postos juntos", e interpretados como termos compostos. Vê-se que a tendência a empregar palavras de duas sílabas não é uma novidade em chinês.

---

1. Cf. Redouane Djamouri, "Écriture et divination sous les Shang", *Extrême-Orient / Extrême-Occident*, 21, p. 11-35, 1999. (N.A.)

3. **A escrita** – Já nas primeiras descobertas, foram identificados cerca de três mil fragmentos que apresentavam mais de 600 signos diferentes. Naquele momento, a decifração era feita aos poucos. Ao final de um século de escavações e de estudos, foram descobertas e analisadas cerca de 100 mil inscrições. Nem todas foram decifradas e muitas fórmulas são idênticas. Mesmo assim, chegou-se a um repertório de até cinco mil caracteres diferentes, e é possível indicar com certeza o sentido de metade deles: esses caracteres, em seu princípio e em sua estrutura, são de fato *os mesmos* que os caracteres atualmente em uso. A dificuldade da decifração deve-se ao fato de a realização dos traçados ter evoluído consideravelmente ao longo do tempo e, mais particularmente, com as mudanças de suporte e de instrumento.

Para um dado caractere, há geralmente numerosas variantes: foram contados 45 traçados diferentes para o caractere *yang* "carneiro", mas a estrutura do caractere subsiste mesmo através dessas realizações bastante livres. Por outro lado, há múltiplos exemplos de um mesmo caractere reproduzido identicamente em textos diferentes: isso prova que essa escrita era realmente usada por uma comunidade, e não apenas consistia na ocupação de uns poucos.

No que se refere aos traçados, esses caracteres são feitos sobretudo de traços bastante retos, com terminações bruscas; neles também são vistas curvas diversas, inclusive o círculo. Eles eram gravados com a ponta de um metal. Contudo, alguns contêm traços que fazem supor o uso, já nessa época, de uma espécie de pincel.

III. A escrita na dinastia dos Zhou e no período dos Reinos Combatentes (1027-256 a.C.)

Segundo a tradição, a escrita foi o objeto de uma primeira tentativa de codificação na dinastia dos Zhou ocidentais[2] por volta de 800 a.C. Para pôr ordem nos usos regionais ou individuais, cerca de um milhar de caracteres teriam sido estabelecidos. Estes, traçados em lâminas de bambu, teriam formado um repertório em quinze partes, sendo adotados oficialmente pela corte como modelos pedagógicos. Essa compilação não chegou até nós, mas descobertas arqueológicas recentes mostram que as reformas da escrita efetuadas sob o primeiro imperador, Qin shi Huang di (ver logo adiante), não foram, como sugere a história oficial, o efeito de uma mutação brusca, mas a culminação de um longo processo. No entanto, há limites a essa "tendência à ordem". Em muitos objetos dessa época, os caracteres ainda têm um tamanho desigual, estão mal-alinhados e com um traçado bastante complexo; a maneira de escrever este ou aquele caractere não está verdadeiramente fixada.

1. **Os vestígios** – Peças de bronze forneceram uma grande parte dos espécimes que chegaram até nós.[3] Raramente gravadas, as inscrições eram na maioria das vezes fundidas no metal e muito belas. Lâminas de bambu inscritas foram descobertas em abundância nos túmulos durante as escavações das últimas décadas. Essas verdadeiras bibliotecas contêm versões dos Clássicos muito anteriores às que conhecemos. As lâminas eram atadas entre si por cordões que desapareceram, o que coloca

---

2. Na dinastia Zhou, são distinguidos dois períodos: o dos Zhou ocidentais, ou Zhou anteriores, instalados no noroeste da China, e o dos Zhou orientais, ou Zhou posteriores, que foram obrigados a transferir sua capital para o leste em consequência de incursões bárbaras. Os primeiros foram poderosos, ao passo que os segundos perderam todo o poder sobre os grupos feudais que disputavam a hegemonia (Reinos Combatentes). (N.A.)

3. Edward L. Shaughnessey, *Sources of Western Chou History: Inscribed Bronze Vessels*, Berkeley, Los Angeles, Oxford, University of California Press, 1991. (N.A.)

problemas de ordenação às vezes difíceis. Seu formato alongado está na origem da paginação vertical dos livros posteriores, que não fizeram senão reproduzir a justaposição original. Deve-se mencionar igualmente a existência de inscrições em seda.

2. Situação no final dos Zhou – O poder central na época dos Zhou posteriores era muito fraco, pois não havia mais norma. A escrita era utilizada em todos os principados feudais que dividiam entre si o poder efetivo, nos quais eram falados com frequência dialetos chineses diferentes. Foi precisamente nessa época que se desenvolveram os movimentos filosóficos.

No oeste da China, região onde estava situada a primeira capital dos Zhou, a escrita oficial (*dazhuan*) teria se mantido. O principado de Qin, que ocupava os territórios do Oeste no final da época dos Zhou, afirmava ter assimilado muito das antigas tradições e, em particular, usar uma escrita muito próxima do *dazhuan* (ou "grande selo"). Isso explicaria que os textos empreguem indiferentemente os termos "estilos de grande selo" e "estilo do selo de Qin". Tratava-se, em suma, de uma ilha de conservadorismo situada na periferia da China. Os príncipes de Qin, no entanto, haveriam de conquistar aos poucos a hegemonia sobre toda a China, terminando por se apoderar do império.

IV. A escrita sob a dinastia dos Qin

1. A padronização de Qin shi Huang di (221-207 a.C.) – Não é o caso de insistir aqui sobre os motivos políticos dessa padronização: para unificar o império, lutar contra os particularismos, o imperador impôs uma ordem única a todos os objetos que contribuem para a comunicação e as trocas – pesos e medidas, moedas, veículos (afastamento dos eixos das rodas) e, obviamente, a escrita. Havia também uma razão prática: a administração de um grande império requeria decifrações menos laboriosas. Conta-se que o imperador lia diariamente cerca de 60 kg de relatórios – isso foi antes da invenção do papel.

Qin shi Huang di mandou compilar, por uma equipe de letrados dirigida por seu ministro Li Si, um "manual contendo, dizem, três mil caracteres, cujo emprego se tornou obrigatório para todos os escribas". São os caracteres dito *xiaozhuan* ("pequeno selo"). Li Si e seus auxiliares não haviam introduzido nenhum princípio novo, mas simplesmente suprimiram variantes e simplificaram a execução técnica: as linhas sinuosas que encontramos nos caracteres zhou (*dazhuan*) foram substituídas por retas ou curvas bem arredondadas; as intersecções são em ângulo reto e os traços têm largura constante.

Todos os caracteres inscrevem-se em retângulos de tamanho praticamente igual, a maior dimensão sendo a vertical. A escrita adquire então uma unidade de estilo e uma grande legibilidade.

Pode-se supor que a proscrição das "Cem escolas", que se materializou pela famosa "queima de livros" (213 a.C.), foi editada, entre outras razões, para suprimir as obras escritas em grafias "corruptas", impedindo assim a conservação de escritas próprias aos antigos principados dissolvidos no império de Qin. Talvez fosse o único meio de impor a nova norma e de desvalorizar todas as outras formas.

O sucesso da reforma não impediu o surgimento de uma controvérsia, que atravessará toda a história da filologia chinesa, a propósito do texto dos Clássicos. Os defensores do *jinwen*, "texto novo", que fora restituído de memória na época dos primeiros imperadores Han e transcrito na nova escrita padronizada, opunham-se aos do *guwen*, "texto antigo", escrito em grafias antigas, tal como teria sido encontrado numa parede da casa de Confúcio.

Seja como for, a padronização drástica operada no começo do império permitiu, a partir dessa época, o desenvolvimento de vários estilos paralelos, sem que a escrita perdesse sua unidade.

2. Surgimento de uma "escrita de traços": o *lishu*

– Na escrita *xiaozhuan*, derivada, como todas as precedentes, das técnicas de incisão, os caracteres eram feitos de linhas retas ou curvas, estreitas, de espessura constante. Na época em que se desenvolve o uso do pincel, vê-se aparecer o estilo dito *lishu* ou "escrita dos funcionários": há uma tendência a fazer variar a espessura das linhas, a proporção dos traços retos aumenta consideravelmente, os caracteres são ligeiramente mais largos do que altos.

Os arqueólogos descobriram objetos anteriores aos Qin (moedas, instrumentos de medida) com caracteres semelhantes ao *lishu*. Se a tradição coloca a invenção do *lishu* na época das Qin, com certeza é porque o seu uso se difundiu amplamente naquele momento. Uma vez que a identidade de cada caractere estava bem definida pela padronização de Qin shi Huang di e Li Si (*xiaozhuan*), não havia razão para não simplificar a execução gráfica.

Na época dos Qin, todas as inscrições em pedra ou em bronze e, de maneira geral, os textos "solenes" eram em *xiaozhuan*, "caracteres de pequeno selo", enquanto os documentos públicos usuais e os escritos da vida cotidiana eram em *lishu*. Na época dos Han[4], os *zhuanshu*, isto é, as escritas de "grande selo" e de "pequeno selo", tornaram-se tão raras que, no começo da nossa era, só eram familiares para alguns especialistas. É uma das razões pelas quais Xu Shen compilou o *Shuo wen*[5], que é um dicionário de caracteres em *xiaozhuan*: conhece-se assim a forma de todos os caracteres correntes nessa escrita.

Portanto, na época dos Qin houve dois acontecimentos importantes para a história da escrita chinesa:

1) uma codificação que institui uma única grafia para cada caractere em estilo homogêneo (*xiaozhuan*);

2) uma transformação do modo de execução dos caracteres: passa-se da predominância das linhas curvas à dos "traços" (*lishu*).

---

4. De 206 a.C. a 220 d.C. (N.A.)
5. Ver Capítulo II, I-3-*b*. (N.A.)

O *lishu* é a primeira das escritas modernas. Na Ásia central, foram descobertos pedaços de bambu e de madeira que datam do final do século I da nossa era, nos quais funcionários subalternos, sem pretensão à caligrafia, traçaram textos administrativos: qualquer chinês da nossa época, contanto que saiba ler, pode decifrá-los sem dificuldade.

3. **Diversificação dos estilos sob os Han** – Por volta do começo da nossa era, aparecem sucessivamente os estilos *caoshu*[6], depois *xingshu*, "cursivo", e *kaishu*, "regular".

Figura 13 – Estilos de escritas
(ilustrados pela palavra *shufa*, "caligrafia")
1. *dazhuan*. – 2. *xiazhuan*. – 3. *lishu*. –
4. *kaishu*. 5. *xingshu*. – 6. *caoshu*.

---

6. Não traduzimos *caoshu*: o caractere *cao*, que significa "ervas", foi emprestado para *cao*, "fazer um rascunho"; é a esse segundo sentido que se refere *caoshu*, "escrita de rascunho". (N.A.)

O estilo *caoshu*, o mais livre, apresenta duas características:

1) Traços dos elementos de caracteres são eliminados; salvo para os caracteres que contenham um pequeno número de traços, quase todos os elementos são representados por formas abreviadas. Trata-se, em suma, de uma "escrita da escrita". Criada a partir de uma necessidade de abreviação, ela logo se tornou uma arte abstrata, tal como um sistema de signos: o *caoshu*, inteligível apenas aos iniciados, é inutilizável para a comunicação cotidiana.

2) Os traços perdem sua individualidade e são ligados: passa-se a escrever todo um caractere com um único gesto, depois a ligar os caracteres entre si e mesmo a escrever toda uma coluna com uma única aplicação do pincel.

Xingshu, *"escrita cursiva"* – A escrita cursiva modifica apenas as modalidades de execução: os caracteres conservam todos os seus elementos e permanecem distintos uns dos outros, mas são traçados rapidamente. Alguns traços são ligados entre si, e os ângulos são arredondados. É um estilo muito cômodo, ao mesmo tempo bem legível e de fácil execução. É difícil traçar um limite nítido entre o *caoshu* e o *xingshu*: passa-se imperceptivelmente de um a outro.

Kaishu, *"estilo regular"* – Em um esforço para desenvolver ao máximo as qualidades de precisão do *lishu*, criou-se um estilo ainda mais geométrico, de uma inflexível regularidade, o *kaishu*. Esse estilo, que se diferencia muito pouco do *lishu*, tornou-se, a partir do século II da nossa era, a norma: desde então, quando se fala de "escrita chinesa" sem outra determinação, é ao "estilo regular" que se faz referência.

V. Uso atual dos diferentes estilos

Desde os Han até a época contemporânea, não houve inovação importante. Embora todos os estilos ainda sejam empregados, os únicos ainda em uso são o *kaishu*, "estilo regular", e o *xingshu*, "estilo cursivo".

O estilo regular domina de forma quase exclusiva a imprensa, a informática e o ensino dos caracteres. Começa-se sempre a aprendizagem da escrita chinesa por esse estilo, no qual a estrutura dos caracteres aparece de maneira absolutamente clara, sem nenhuma ambiguidade. O *kaishu* é também o estilo das legendas dos filmes e dos programas de televisão, em suma, de tudo o que escapa à produção manual. Escrevem-se também em estilo regular, à mão, os deveres escolares, as cartas a pessoas que se respeita de um modo particular, os formulários administrativos e ainda para pessoas pouco familiarizadas com a escrita.

Para todos os textos manuscritos informais, mas destinados a ser lidos por outrem, cartas privadas, notas de informação etc., emprega-se geralmente o estilo *xingshu*, "cursivo".

O termo *caoshu* designa usos muito diferentes conforme o contexto. Como estilo de caligrafia, só pode ser um prazer de artista. Escrever um texto destinado ao público em *caoshu* demanda um esforço intenso de leitura. Por outro lado, os rascunhos que as pessoas escrevem rapidamente para si mesmas, as anotações de aula que acompanham a velocidade da fala, são também consideradas muitas vezes como *caoshu*.

A escrita antiga *zhuanshu* sempre foi empregada no alto das estelas (o resto do texto sendo grafado em escritas menos solenes) e nunca foi inteiramente abandonada pelos calígrafos. Ela voltou a ser prestigiada no século XIX, quando se desenvolveram pesquisas sobre a China antiga e o gosto pela arqueologia. Atualmente, essa grafia só é estudada por um interesse etimológico, mas seu prestígio é ainda grande. Em 1966, era possível encontrar em modestos restaurantes de Pequim slogans políticos escritos em *zhuanshu* e, durante a "revolução cultural", foram vistos cartazes em grandes caracteres (*dazibao*) caligrafados nesse estilo. Hoje, o *zhuanshu* desempenha mais um papel decorativo.

VI. A reforma efetuada na República Popular da China

Pouco depois da fundação da República Popular da China, em 1949, o governo procedeu a uma nova padronização da escrita chinesa e pôs em prática uma importante reforma, visando a simplificar um grande número de caracteres usuais.

1. **Padronização: supressão das variantes** – Ao longo do tempo, e dada a extensão da China, sucedeu que variantes de caracteres proliferaram. O papel das instituições do Estado foi sempre zelar pela unidade da escrita. A introdução de variantes no uso (em consequência de erros ou de inovações individuais) leva a uma multiplicação artificial do número de caracteres. Foi para remediar tal situação que uma lista de mais de mil "caracteres incorretos" (*yitizi*) foi publicada em 1955. Essa lista foi estabelecida pelo Comitê para a Reforma da Escrita (*Wenzi gaige weiyuanhui*), formado por linguistas que trabalhavam em ligação com a Academia das Ciências da China, com as grandes universidades e todos aqueles que se ocupavam dos problemas de alfabetização. Antes de qualificar duas ou várias grafias de "variantes", era preciso ter certeza de que seus sentidos e seus empregos coincidem. Determinava-se a seguir qual delas é a mais usual ou a mais cômoda.

2. **Grafias simplificadas** – Enquanto a eliminação de variantes mais ou menos antiquadas era apenas uma reordenação como muitas outras na história da China, a simplificação de numerosos caracteres foi uma verdadeira reforma, comparável à de Qin shi Huang di e Li Si,

que simplificaram a *dazhuan* (escrita de grande selo) dos Zhou, transformando-a em *xiaozhuan* (escrita de pequeno selo).

Convém distinguir aqui o uso e a norma. Desde a Antiguidade se simplificou, na prática, um certo número de caracteres correntes. Há exemplos dessas simplificações nas inscrições em lâminas de bambu ou de madeira da época Han e nos textos de obras que pertenciam a gêneros literários não nobres (segundo os critérios chineses), romances ou dramas (Edições Song ou Yuan). Porém, essas formas não eram oficialmente aceitas. Nas duas últimas dinastias imperiais (Ming e Qing), recusava-se inclusive formalmente o emprego das grafias simplificadas: era um motivo suficiente de reprovação nos exames do mandarinato.

O Comitê para a Reforma da Escrita retomou a questão em 1954 e elaborou um projeto que foi publicado pelo Conselho dos Ministros da República Popular da China em 28 de janeiro de 1958. Esse projeto consiste num quadro de 515 caracteres simplificados e 54 "elementos de caracteres" que simplificam indiretamente todos os caracteres nos quais eles entram em composição. De uma maneira ou de outra, foram modificados assim mais de 1.700 caracteres.

Os reformadores só escolheram um número muito pequeno de formas novas: na maioria dos casos, procuraram encontrar traçados "econômicos" na rica tradição chinesa. Entre suas principais fontes, podemos citar[7]:

– Caracteres antigos: 1) elementos sem chave (por exemplo, *yun* "nuvem" sem a chave da chuva, que esse caractere não continha nas grafias mais antigas); 2) caracteres simples empregados paralelamente (*tongyongzi*) para uma palavra dada e para uma outra palavra de mesma pronúncia, normalmente representada por um caractere mais complicado.

---

7. Zhou Youguang, 1964. (N.A.)

1. 為 → 为   2. 聲 → 声
3. 雲 → 云   4. 燈 → 灯
5. 響 → 响   6. 幾 → 几

Figura 14 – Procedimentos de abreviação
1. Emprego de uma forma cursiva.
2. Redução a uma parte do caractere.
3. Emprego de uma forma antiga.
4. Abreviação da parte fonética.
5. Forma nova.
6. Emprego de um outro caractere.

Por exemplo, *cai* "talento" se escreve em três traços, enquanto *cai* "então" se escreve em 22 traços. Embora os dois caracteres tenham permanecido em uso, em alguns textos antigos o primeiro aparece no lugar do segundo. Ao adotarem o traçado em três traços de *cai* "talento" para *cai* "então", os reformadores institucionalizaram o que não era senão uma licença de escriba.

– Formas "vulgares", que não tinham lugar nos dicionários oficiais, mas que há muito tempo estavam em uso. Por exemplo, *ti* "corpo" se escreve em princípio com uma grafia de 23 traços, mas em todos os textos informais costumava ser escrito com uma outra grafia, de apenas sete traços: foi a que acabou sendo adotada.

– Formas emprestadas do *caoshu* e "padronizadas" (por exemplo, *shu* "livro", *dong* "leste" etc.).

Os 515 caracteres em causa tinham, antes de ser abreviados, em média 16,08 traços; agora, eles têm em média 8,16. Com base nos resultados de experimentos com alunos de escolas normais solicitados a escrever listas de caracteres abreviados e não abreviados, calculou-se um ganho de tempo de dois terços.

A aplicação da reforma foi imediata na educação e na edição tanto de livros como de jornais. A despeito das reticências dos que, sabendo escrever, não viam a necessidade de uma nova aprendizagem e dos que lamentavam, nos meios cultos, que as edições antigas se tornariam inacessíveis às jovens gerações, a população adaptou-se relativamente depressa a essa reforma.

Em contrapartida, quando, em dezembro de 1977, um segundo projeto de reforma propôs a simplificação de 853 caracteres ainda não modificados, a resistência do público – resistência que vinha mais das camadas da população recentemente educadas que dos intelectuais – levou as autoridades a deixarem esse projeto de lado. Esse fracasso foi atribuído às deficiências técnicas da reforma. Posteriormente, não se voltou a falar mais do assunto.

3. **Consequências da simplificação dos caracteres** – Os objetivos políticos eram romper com o passado, marginalizar as antigas classes intelectuais e manter os habitantes protegidos contra a propaganda dos chineses do exterior que se opunham ao novo regime. De fato, a simplificação dos caracteres contribuiu durante cerca de meio século para aumentar a distância entre os chineses que vivem na República Popular da China e os de Taiwan e das comunidades chinesas do além-mar, onde as grafias tradicionais permanecem as únicas em uso. Até a metade dos anos 1990, sabia-se imediatamente, à vista de um texto, se ele vinha do continente ou do exterior conforme sua grafia fosse simplificada ou não. Esse fosso permanece ainda hoje, mas, tanto de um lado quanto de outro, cada vez mais chineses educados dominam os dois sistemas e as interdições perdem sua força. Na China, somente

os caracteres simplificados têm direito de cidadania no ensino e na maioria das publicações; no entanto, os caracteres tradicionais não são mais tabus. Assim, publicidades são geralmente escritas em caracteres tradicionais, assim como os cartões de visita, inclusive os de personalidades oficiais. Não é raro ver em Pequim anúncios nos quais algumas palavras são escritas num sistema e outras palavras no outro.

Em Taiwan, até 1987, os livros com caracteres simplificados eram apreendidos na alfândega e excluídos das bibliotecas. Agora continuam sendo marginais, porém não são mais o objeto de exclusão.

Capítulo V
Arte e técnicas da escrita

A atenção dada à execução gráfica é provavelmente tão antiga quanto a própria escrita chinesa, tal como o testemunham as primeiras inscrições em bronze, cuja beleza não poderia ser obra do acaso. Ao acreditar na tradição, o grande ministro que presidiu a primeira padronização da escrita (por volta de 800 a.C.) traçou com a própria mão os caracteres escolhidos.

Foi nos primeiros séculos da nossa era que a caligrafia apareceu como uma finalidade em si, para além da função significante da escrita.

Durante muito tempo, a escrita com pincel foi a única maneira de escrever – excetuadas as técnicas de gravura. Pode-se inclusive dizer que, até pouco tempo, todo chinês que soubesse escrever dominava ao menos os rudimentos da escrita com pincel. Isso já não acontece atualmente. Embora o pincel permaneça ainda muito difundido na China, ele não é mais utilizado para os usos cotidianos; contudo, ele teve tamanha importância na formação da escrita chinesa que, mesmo um caractere traçado com caneta esferográfica ou com giz, é submetido às exigências ligadas ao uso do pincel.

I. Técnica da escrita com pincel

1. **Instrumentos e suportes** – Na China, é dada extrema atenção à qualidade dos objetos que servem para escrever, os quais são geralmente de um grande refinamento.

A) *O pincel* – O pincel chinês é feito de pelos de animais atados em sua extremidade espessa, fixados num caniço oco ou num delgado caule de bambu. Há um particular apreço pelo bambu "mosqueado". O cabo mede cerca de vinte centímetros.

São utilizados pelos de carneiro, gamo, raposa, lobo, rato ou coelho, ou ainda de tigre, lontra, gorila ou mangusto. Chegou-se inclusive a "dividir às vezes um pelo em várias fibras"[1]. Nos antigos livros, é dito que se deve pegar os pelos das lebres no alto das montanhas no oitavo ou nono mês do ano lunar; de fato, os animais encontrados em meados do outono nas extensões do norte da China fornecem um excelente material. Todos os pelos devem ser lisos e retos.

Cada letrado tem seus próprios pincéis, e alguns calígrafos os fabricam eles mesmos. Há alguns que se fizeram enterrar com os pincéis.

O tufo do pincel termina sempre numa *ponta* aguçada que nunca se espalha, mas se curva. É um instrumento extremamente sensível. "A ponta do pincel, macia e sensível à menor pressão, produz um traço mais ou menos fino, mais ou menos espesso, com maior ou menor quantidade de tinta, conforme o peso da mão sobre o papel; assim, a menor variação de altura nos movimentos da mão se traduz imediatamente em uma variação do traço sobre o papel."[2] Na China, os instrumentos que servem para pintar e para escrever são *os mesmos*.

B) *Tinta e tinteiro* – O nanquim, cuja receita de fabricação data provavelmente das primeiras inscrições da época dos Shang*, é feito de fuligem obtida pela combustão de corpos graxos ou ramos de árvores – pinheiro para as tintas mais baratas. Esse produto, misturado com uma solução de goma, endurece depois de certo tempo. Ele é fornecido aos usuários sob a forma de bastonetes.

---

1. Yang Yu-hsun, *La calligraphie chinoise depuis les Han*, Paris, Geuthner, 1933. (N.A.)

2. Pierre Ryckmans, "Les propos sur la peinture de Shi Tao, traductions et commentaires" (*Arts asiatiques*, 1963). (N.A.)

* De 1523 a 1027 a.C. (N.T.)

Os bastonetes de tinta são decorados com desenhos em relevo e caracteres que fazem deles belos objetos. Mesmo os bastonetes de tinta comum, encontrados nas lojas de bairro, trazem motivos decorativos. O critério de uma boa tinta é o seu *lustro*, que pode ser avermelhado ou preto e que deve não apenas ser durável, mas também melhorar à medida que envelhece. Uma tinta de qualidade pode atingir preços elevados.

É esfregando o bastonete de tinta num pouco de água que se obtém a tinta líquida. Cada um deve preparar essa solução no momento de escrever. O tinteiro é uma placa redonda ou retangular, com uma superfície plana na qual se esfrega o pedaço de tinta e uma pequena concavidade na qual se põe a água limpa. Há tinteiros de jade, de cerâmica e de outros diversos materiais. Desde a época dos Song*, utilizam-se sobretudo algumas pedras ao mesmo tempo porosas e macias; os tinteiros comuns são de ardósia.

C) *O papel* – Parece que se escrevia sobre seda antes da invenção do papel. Mesmo quando se generalizou o uso do papel, continuou-se a escrever e pintar sobre seda – inclusive até o século XX –, mas isso logo se tornou excepcional.

O papel da China, tal como o conhecemos, caracteriza-se por sua maciez e sua superfície *levemente absorvente*. Em função disso, a quantidade de tinta depositada num local depende do *tempo* durante o qual o pincel permanece em contato com o papel. Qualquer pausa, mesmo breve, ocasiona um aumento da quantidade de tinta absorvida pela superfície. O calígrafo deve ritmar seus movimentos de modo que cada traço receba a quantidade de tinta necessária: nenhum retoque é possível, e deve-se "conceber a imagem do caractere acabado antes de colocar o pincel sobre o papel". O ritmo do movimento da

---

* De 960 a 1278 d.C. (N.T.)

mão é claramente percebido à leitura. Copiar uma caligrafia não é apenas imitar uma certa disposição espacial; é também acompanhar um ritmo. Desse ponto de vista, pode-se comparar a contemplação de uma bela caligrafia à audição de uma peça musical bem-executada.

2. **Aprendizagem**[3]

A) *Estrutura dos caracteres* – Além dos princípios fundamentais relativos à sucessão dos traços, que foram indicados no Capítulo II, há um certo número de regras relativas ao equilíbrio dos caracteres que são válidas *seja qual for o instrumento* com o qual se escreve e que fazem parte dos rudimentos da caligrafia.

• Os traços ditos "horizontais" dão estabilidade ao caractere; eles devem ser retilíneos e efetivamente horizontais, ou então ligeiramente ascendentes da esquerda para a direita. Junto com os traços verticais, eles formam o "esqueleto", o "arcabouço" dos caracteres. As "verticais" são rigorosas: nunca se inclina um caractere, por menos que seja.

• Quando há vários traços horizontais num caractere, suas distâncias devem ser visivelmente iguais; nem todos devem ser do mesmo comprimento.

• Os traços que descem obliquamente (da direita para a esquerda ou vice-versa) são "como os membros do corpo humano ou os ramos das árvores": eles não devem ser traçados mecanicamente. Quando há vários traços num mesmo caractere, convém dar-lhes comprimentos diferentes.

• Os "pontos" são "como os olhos ou as sobrancelhas dos homens ou as flores e as folhas das árvores"; sua posição em relação aos outros traços é importante. Se houver vários, eles não devem ser exatamente idênticos.

---

3. A aprendizagem da escrita continua ocupando uma parte importante da atividade dos escolares. Para os períodos antigos, ver Zhang Zhigong, *Chuantong yuwen jiaoyu chutan (Elementos de pedagogia tradicional da língua)*, Xangai, 1964. (N.A.)

• Um caractere simples tem eixos principais e um centro de gravidade. Para um caractere complexo, deve-se considerar o tamanho respectivo dos elementos que o compõem, o centro de gravidade de cada um deles e o centro de gravidade do conjunto. Em geral, a chave é menor que o elemento fonético.

• Os caracteres que têm poucos traços devem ser amplos, arejados; os caracteres complicados, com um grande número de traços, devem ser compactos. Não fosse assim, os primeiros só ocupariam uma parte do quadrado imaginário dentro do qual se inscrevem e os segundos o excederiam. Como o número dos traços varia de um caractere a outro, é um problema sempre novo traçar uma sequência de caracteres de densidade desigual sem criar desequilíbrio chocante.

As qualidades buscadas são:

– para os traços, o máximo de *diversidade* possível no quadro estrito imposto pela estrutura do caractere (é assim que eles são "vivos" e escapam à inércia das produções mecânicas);

– para os caracteres, o *equilíbrio*;

– para o conjunto de um texto, uma organização do espaço onde a *distribuição dos brancos* tem tanta importância quanto o ritmo do grafismo.

B) *Pedagogia do pincel* – Um chinês supostamente maneja o pincel com a mão direita. A aprendizagem dos movimentos pode começar aos sete ou oito anos de idade, durante uma hora por dia no mínimo. Em princípio, o pincel deve ser mantido na posição vertical, entre os cinco dedos, com o polegar opondo-se ao dedo médio, e o indicador, ao anular, o quinto dedo sustentando o anular. A palma da mão forma assim uma concavidade: deve-se poder pôr ali um ovo. O pincel é segurado com firmeza: o mestre tenta arrancar de surpresa o pincel do aluno que está escrevendo, e este não deve soltá-lo.

O aluno exercita-se primeiro em levantar o punho, depois o cotovelo. Para habituá-lo a manter tal posição, coloca-se um peso sobre o seu cotovelo, até que o braço não trema, os dedos adquiram flexibilidade e escrever com o cotovelo erguido não exija mais um esforço penoso. Nos grandes rolos de papel, escreve-se de pé.

Quando sabe segurar com firmeza o pincel e fazer a tinta, o aluno começa a escrever em decalques sob os quais introduz reproduções de caracteres em estilo regular traçados por grandes calígrafos. Depois ele copia esses mesmos modelos em papel especialmente quadriculado: o quadrado no qual se deve inscrever o caractere é materializado por uma linha fina e dividido em duas, quatro ou nove partes iguais. Mesmo conquistando um grande domínio, o calígrafo nunca interrompe o seu treinamento.

C) *Realização dos traços* – Parece natural terminar os traços em ponta. É assim que eles terminam nos cacos de cerâmica que contêm os primeiros vestígios de escrita com pincel. Posteriormente, passou-se a esconder o ataque e o final dos traços por um leve movimento de recuo.[4] Nas escritas de estilo antigo (grande e pequeno selo), desenham-se assim todos os traços; nas escritas de estilo moderno (*lishu*, estilo regular, estilo cursivo, *caoshu*, etc.), combinam-se livremente os dois tipos de traços – com terminações pontiagudas e terminações arredondadas.

A largura do traço depende da pressão dos pelos do pincel sobre o papel: essa pressão deve, portanto, ser regulada por quem escreve. Em geral, utiliza-se apenas a metade do comprimento dos pelos, sendo que o resto forma um reservatório de tinta. Os pelos do pincel devem

---

4. "Quando se quer traçar uma linha para baixo, deve-se começar por direcionar o pincel um pouco para cima para fazê-lo descer em seguida. Uma vez chegando ao final da linha traçada, faz-se retroceder um pouco o pincel... Para escrever assim, os pelos do pincel devem ser extremamente maleáveis" (texto de 1774, citado por Yang Yuhsun, op. cit.). (N.A.)

ficar bem juntos; se eles se afastam, comprime-se a ponta fazendo-a girar suavemente sobre a pedra e enchendo-a de tinta novamente. Para desenhar um traço, a mão faz movimentos alternadamente lentos e rápidos, que produzem incessantes variações na espessura do traço e no seu ataque. Percebe-se, no interior do traço, a marca deixada pela ponta do pincel.

Tudo isso são apenas rudimentos: o essencial da aprendizagem consiste no estudo dos mestres da caligrafia. A repetição incansável dos mesmos exercícios só pode ser comparada à dos músicos ou ao treinamento dos dançarinos. Reproduz-se indefinidamente um livro básico como o *Clássico dos mil caracteres* (*Qian zi wen*), texto de mil caracteres, cada um empregado uma vez.

II. Caligrafia[5]

Essa arte foi o objeto de inúmeras obras – tratados, manuais, catálogos de colecionadores, listas de calígrafos célebres etc. – que atestam sua importância na civilização chinesa. Não se poderia fazer sobre a caligrafia um discurso único.

1. **Relação da escrita com a natureza** – Os textos chineses que descrevem o ritmo dos traços e as qualidades plásticas dos caracteres são de um lirismo espantoso: "(...) deve-se conduzir o pincel até o fim, de uma maneira natural, como o peixe que nada com facilidade na água. Escreve-se aqui com suavidade, ali com força (...), mas sempre com a naturalidade das nuvens, espessas ou leves, que escalam o topo de uma montanha" (*Meng Tian bijing*).[6]

"Os caracteres escritos por Tchong You assemelham-se à fênix que paira no ar ou às gaivotas que sobre-

---

5. Cf. Billeter, 1989; Harris e Fong, 1999.
6. Essa tradução e as seguintes são de Yang Yu-hsun (op. cit.). (N.A.)

voam a superfície do mar (...). Wang Hitche (ou Wang Xizhi) escreveu caracteres que têm a vivacidade de dragões impetuosos que saltam em direção ao céu ou de tigres que percorrem as montanhas. (...) Suo Tsing nos deu caracteres que se assemelham a aves de rapina que alçam voo num turbilhão de vento" [*Gu jin shu ren you lüe ping* (Crítica dos calígrafos antigos e modernos)].

"Nos grandes calígrafos, vemos signos retos como agulhas suspensas e pontos redondos como gotas de orvalho. Vemos também signos recurvos como um raio que surge ou blocos de pedra que caem, signos inclinados como aves que levantam voo ou feras que galopam. Os caracteres assemelham-se à fênix que dança, a serpentes que rastejam, a rochedos escarpados, a cumes abruptos. Alguns caracteres são carregados como nuvens grossas, outros leves como asas de cigarra (...). Tudo isso parece ser uma criação da natureza e não da habilidade humana" (*Shu Pu*, de Sun Guoting, época Tang).

Na China, o ato de escrever, longe de ser uma ruptura do "estado de natureza", está ligado ao sentimento da natureza. Para muitos chineses, não há bela paisagem sem uma inscrição na pedra, poema, dístico ou simples caractere.

2. **Prazer, comércio e poder** – Obtendo sucesso ou não nos concursos para mandarim, fazendo uma brilhante carreira administrativa ou não, a maioria dos calígrafos chineses pertencia à classe dos letrados-funcionários. Em princípio, eles não viviam do seu pincel.

Convém não esquecer, porém, que esses mesmos homens asseguravam a atividade administrativa do país, o que implicava uma atividade de escrita considerável. As tarefas mais triviais de cópia eram deixadas a escribas profissionais, mas a parte de documentos escritos de próprio punho, para tudo o que importava, ainda assim era considerável.

O pincel foi, até o século XX, um símbolo de poder. Certamente há uma continuidade entre a atividade funcional do mandarim e o passatempo do calígrafo. Segundo a tradição, o grande ministro que presidiu a primeira padronização da escrita (cerca de 800 a.C.) traçou com a própria mão os caracteres escolhidos. Ainda hoje, isso não é uma questão sem importância: quando em 1966 foi decidido mudar a denominação da Universidade de Pequim, foi o próprio Mao Tsé-Tung quem caligrafou os caracteres do novo nome. O cuidado de escrever bem sempre foi visto como uma questão de Estado e continua sendo.[7]

Não menos essencial é lembrar que a arte da escrita está intimamente ligada à pintura e à poesia: é raro alguém destacar-se numa dessas atividades negligenciando as outras. Citemos apenas o caso de Su Dongpo, que foi um grande poeta e um dos calígrafos mais inspirados, ou o grande pintor Mi Fu, que atingiu a perfeição na cópia dos antigos calígrafos.

3. **Condições psicológicas e morais** – Conta-se que Wang Xizhi (307-365 d.C.) escreveu uma das obras-primas do estilo cursivo (*xingshu*) quando se encontrava com um grupo de parentes e amigos, no mês de abril, numa paisagem de montanhas, florestas, bambus, riachos, num lugar chamado "Pavilhão da orquídea" (*Lan ting*). Ele compôs um texto em prosa para comemorar esse dia feliz e o traçou "num papel feito de casulo de bicho-da-seda, com um pincel de bigode de rato". Essa peça de caligrafia (o *Lan ting xu*) é considerada como inigualável.

Escreve-se geralmente num momento de calma, longe de tudo o que poderia perturbar o autodomínio. Essa exigência relativa ao ambiente decorre da ideia de que a caligrafia é um envolvimento do indivíduo inteiro, mas há exceções: Huai Su, um dos mestres do *caoshu*, não temia escrever após ter bebido vinho ou inspirando-se

---

7. Cf. Kraus, 1991. (N.A.)

num espetáculo de dançarinas. Ele dava livre curso à inspiração e abandonava toda convenção, o que faz com que suas obras sejam muitas vezes ilegíveis. Conta-se inclusive que ele teria, certa vez, escrito com sua própria cabeleira embebida de tinta. Seu estilo, dito *kuangcao*, "*cao* selvagem", teve uma grande influência no Japão.

No plano moral, diz-se que os grandes calígrafos da corte dos Tang (Ouyang Xun, Yan Zhenqing etc.) não dissociavam sua conduta política e sua arte. Para eles, a escrita, que traduz a qualidade do homem, só pode ser bela se o seu autor está inteiramente devotado aos interesses superiores do Estado.

4. **Cultura** – Mesmo quando se destaca num estilo particular, um calígrafo pratica todos os estilos. Ele tem um conhecimento aprofundado das obras antigas, bronzes, estelas, manuscritos, ou porque possui ele mesmo uma coleção de antiguidades (como o pintor Mi Fu), ou porque tem acesso às grandes coleções imperiais ou privadas. O termo "cultura" não está fora de lugar aqui: o estudo dos caracteres antigos não pode ser dissociado do estudo dos textos que eles constituem, nem das técnicas de sua realização.

Até ser instaurado o costume das exposições de caligrafia, o acesso aos documentos autênticos era muito limitado, ainda mais que os imperadores não hesitavam em usar o direito do Estado sobre os "bens culturais". Foi através das redes de letrados, que se constituíram a partir da época dos Song, que os indivíduos passaram a ver, copiar e trocar caligrafias de todos os níveis. Fazer parte desse meio supunha uma erudição e um gosto reconhecidos.

Não se deve tampouco esquecer que uma caligrafia é essencialmente um texto. Compor um poema original ou escolher uma obra adaptada supõe uma ampla cultura. Na apreciação feita de uma caligrafia, essa dimensão não é menos importante do que o aspecto visual.

III. Reprodução da escrita

1. **Gravura em pedra e estampagens** – Embora as escritas antigas (*dazhuan, xiaoshuan*) tenham nascido de uma técnica de gravura sobre matéria dura e as escritas modernas da técnica do pincel, pode-se reproduzir todos os estilos com ambos os procedimentos: escreve-se com pincel os estilos antigos, e as caligrafias em *lishu* ou em estilo regular (*kaishu*) foram, desde que surgiram, reproduzidas em pedra.

As inúmeras estelas encontradas na China são funerárias ou comemorativas de acontecimentos diversos. "São monumentos restritos a uma superfície de pedra, erguida no alto, contendo uma inscrição. Elas incrustam no céu da China suas frontes planas. Deparamos com elas em toda parte: à beira das estradas, nos pátios dos templos, diante dos túmulos."[8] O texto era transcrito num papel e, a seguir, aplicado sobre a superfície polida da pedra a gravar. O original era destruído no momento da gravura, pois o gravador entalhava através do papel.

A difusão da caligrafia deve-se em grande parte à estampagem desses textos gravados. A estampagem consiste em aplicar um papel delgado e resistente sobre a pedra gravada em baixo-relevo para depois pressioná-lo com um tampão molhado, de modo que o papel penetre bem nas partes gravadas. Passa-se tinta sobre esse papel: as reentrâncias permanecem brancas, aparecendo, portanto, a gravura branca sobre fundo preto. A existência de um papel capaz de receber a impressão certamente facilitou, na China, a passagem da técnica do selo – conhecida em todo o mundo antigo – à imprensa.

A estampagem de pedras gravadas é utilizada ainda hoje. J. Gernet escreveu[9] a esse respeito: "(...) os procedi-

---

8. Victor Segalen, *Stèles*, Paris, 1914. (N.A.)
9. Jacques Gernet, "La Chine, aspects et fonctions psychologiques de l'écriture", em *L'écriture et la psychologie des peuples*, Paris, Centre international de synthèse, 1963. (N.A.)

mentos de reprodução fiel da caligrafia foram desenvolvidos na China antes das técnicas que visavam apenas à difusão corrente dos textos. A prática da estampagem em pedra parece remontar a cerca de 500 d.C., mas ainda hoje é praticada por ser um modo de reprodução barato e exato das belas caligrafias: ela não compete com a imprensa, que visa à satisfação de todas as outras necessidades".

2. **Xilografia** – Assim como a estampagem, a xilografia (reprodução a partir de gravura em madeira) foi inventada na China durante o século VIII d.C. Foi uma primeira modalidade da imprensa, não por elemento gráfico (caractere ou letra), mas por página. A xilografia conheceu um sucesso tão duradouro que, durante vários séculos, foi um obstáculo aos progressos da imprensa em tipos móveis.

Caligrafa-se um texto a reproduzir numa folha delgada e transparente cujo anverso é aplicado sobre uma pequena prancha de madeira (em geral, feita de pereira). Entalham-se em relevo os caracteres que aparecem invertidos. Após a aplicação de tinta, a prancha imprime os caracteres negros sobre o fundo branco. Na época dos Song (séculos X-XII d.C.), as edições xilográficas eram tão belas que o nome do calígrafo era reproduzido.

Essas técnicas ainda estão vivas na China: há algumas décadas, esse país exportava livros budistas em impressão xilográfica, seja a partir de pranchas existentes, seja a partir de novos entalhes.

Depois que os procedimentos fotográficos mostraram-se particularmente adaptados à reprodução da escrita chinesa, a xilografia foi relegada a uma função secundária.

3. **Imprensa** – A imprensa em tipos móveis é mencionada num texto chinês do século XI, mas as primeiras grandes impressões tipográficas foram realizadas na Coreia, onde foram fundidos 100 mil caracteres no ano

de 1403. Com seus caracteres separados e de tamanho homogêneo, com o equilíbrio de seus traçados, a escrita chinesa prestou-se bem à técnica dos tipos móveis. Seu uso não colocava os problemas enfrentados pelos primeiros impressores europeus com as ligaduras e com a escolha, numa tradição manuscrita anárquica, de grafias bem legíveis. No entanto, descontados alguns grandes empreendimentos (uma vasta coleção de contos, uma enorme enciclopédia), a imprensa em tipos móveis teve pouco sucesso na China até o século XIX. Isso se deve, ao que parece, ao aspecto mecânico e impessoal que ela dá aos textos e, sobretudo, ao custo bem mais alto que o da xilografia. Uma impressora tradicional na China não difere de sua homóloga na Europa a não ser pelo tamanho dos compartimentos: estes contêm necessariamente vários milhares de caracteres para cada corpo. Seu arranjo é bastante familiar aos revisores chineses para que eles componham rapidamente.

Com a introdução da fotocomposição, o aspecto das oficinas e o trabalho dos impressores tornaram-se idênticos em todos os países.

IV. Uso das diferentes técnicas

Salvo para o prazer de alguns, o pincel só é utilizado hoje em publicidades, nas composições decorativas e nos textos de bom augúrio em papel vermelho com que se decoram portas e casas na época do Ano Novo. É também o melhor meio de escrever em cartazes manuscritos. Isso explica por que a revolução cultural foi acompanhada em Pequim de um crescimento considerável das vendas de pincéis e de tinta.

A caneta, esferográfica ou com reservatório de tinta, é de uso cotidiano: correspondência privada, trabalhos administrativos, faturas, anotações de curso etc. O quadro-negro é empregado na China não apenas em escolas e salas de reunião, mas também nas unidades militares: os menores esquadrões o transportam com frequência em seus deslocamentos.

Enfim, o uso de computadores ocupa um lugar importante tanto nas gráficas quanto na vida cotidiana de um número cada vez maior de chineses.

V. A escrita em teclado de computador

A possibilidade de acessar um texto chinês num teclado padrão constitui a maior mudança técnica desde a invenção da imprensa xilográfica.

Duas opções principais são oferecidas: é possível basear-se numa transcrição fônica ou, então, na análise das formas gráficas independentemente da sua leitura.

Para a codificação do som, digita-se no teclado a transcrição do caractere visado ou, cada vez mais, da palavra inteira quando é dissilábica. Para isso, é preciso conhecer a pronúncia exata dos caracteres na língua-padrão e estar familiarizado com o sistema de transcrição utilizado. Quando se digita a sequência das letras apropriadas, todos os caracteres correspondentes aparecem na tela. Se o tom é conhecido e for indicado, reduz-se o número de operações. A seguir, basta clicar o caractere ou a palavra visados que se dispõem na sequência do texto.

A codificação gráfica requer uma aprendizagem mais difícil. Ela se baseia numa análise da ordem dos traços, do lugar dos diferentes elementos no caractere e de sua estrutura. É necessário não apenas conhecer bem a ordem de sucessão dos traços e dos elementos de caractere, o que todo chinês que saiba escrever conhece, mas também memorizar as correspondências construídas pelos informáticos entre esta ou aquela sequência de traços em determinada posição com determinada letra do código. A aprendizagem é mais longa do que para o acesso por transcrição; porém, uma vez adquirida a técnica, a velocidade é maior, pois há somente uma operação (digitar) em vez de duas (digitar e clicar). Esse sistema, mais rápido, é preferido pelos profissionais da edição e pelas pessoas pouco familiarizadas com a pronúncia do chinês-padrão.

O fato de se acessar num mesmo teclado a escrita chinesa e as escritas alfabéticas permite integrá-las, citando, por exemplo, palavras ou frases francesas num texto chinês e vice-versa.

A compatibilidade da escrita chinesa com as técnicas modernas de tratamento de texto levou o mundo chinês a conhecer, com apenas alguns anos de atraso em relação à Europa e aos Estados Unidos, uma profunda mutação das técnicas de impressão, reprodução e difusão dos textos – e isso sem abandonar sua escrita específica. O trabalho efetuado para o armazenamento, o acesso e o tratamento dos caracteres chineses está hoje consolidado. Assim, qualquer pessoa que possua o equipamento necessário ao tratamento de texto em chinês pode receber mensagens eletrônicas ou ter acesso a sites em chinês na internet – já existe um grande número deles.

Capítulo VI

DIVERSIDADE DAS LÍNGUAS TRANSCRITAS PELA ESCRITA CHINESA

A escrita chinesa manteve uma unidade ao longo de toda a sua história, ao contrário da alfabética, que se diferenciou em vários tipos (europeu, semítico, indiano), contendo eles próprios um grande número de variantes. A leitura de uma única escrita chinesa num espaço onde coexistem múltiplos dialetos e a difusão dessa escrita fora da China puderam dar a ilusão de que ela registrava várias línguas. Isso não é verdade.

I. Dialetos chineses

Todos os chineses, quer habitem a Manchúria, Pequim, Cantão ou Singapura, falam uma variedade ou outra de "chinês", isto é, seu falar tem uma origem comum e caracteriza-se pelo fato de todas as sílabas terem um sentido. Contudo, em muitos casos, não há comunicação oral possível entre esses homens se eles se limitarem à sua fala cotidiana, ao seu "dialeto". A unidade linguística do mundo chinês só é efetiva, atualmente, no nível da escrita.

Descontadas as regiões habitadas por "minorias nacionais", que falam línguas não chinesas [tibetano, tai (no Sudeste), mongol, uigur (no Turquestão chinês), miao e yao (também no Sudeste) etc.], pode-se distinguir na China dois domínios linguísticos. A zona do "mandarim" abrange todo o norte da China, até o rio Azul, mais Sichuan e as populações chinesas de Guizhou e do Yunnan. Ela é relativamente homogênea, no sentido de que as diferenças de pronúncia não são tão grandes que impossibilitem a compreensão de um extremo a outro. A zona dialetal que corresponde às províncias costeiras situadas ao sul do rio Azul, mais Hunan e Jiangxi, é fragmentada num grande número de falares distintos: pessoas originárias de localidades situadas a algumas dezenas de quilômetros umas das outras podem ter grande dificuldade de se compreender – e, obviamente, elas só compreendem o mandarim se o aprenderam na escola, como uma segunda língua.

Hoje, todos os habitantes da China devem supostamente aprender a "língua comum" (*putonghua*), definida como o mandarim tal como é pronunciado em Pequim. Para toda a zona sul do país, trata-se de um bilinguismo, por ora só realizado parcialmente. A maior parte dos chineses de além-mar é originária da zona dialetal do Sul.

Esse é também o caso de Taiwan, onde a língua local, o taiwanês, faz parte da família dialetal Min. Também aí o ensino é dado em chinês comum, chamado *guoyu*, "língua nacional". Ou seja, tenha o nome de *putonghua*, *guoyu* ou de "mandarim", é sempre a mesma língua que é ensinada na escola e a única a ser escrita. Essa é a razão pela qual a comunicação escrita não oferece dificuldade para os chineses escolarizados, qualquer que seja o seu uso local.

Convém observar que os dialetos não são falados apenas em casa, mas também em cidades como Xangai, no comércio, nos bancos, nos espetáculos e nas universidades – pelo menos quando não se fala a chineses vindos de outros lugares ou a estrangeiros.

A unidade milenar do chinês escrito só recentemente começou a ser rompida, em Hong-Kong, onde há jornais populares em cantonês, e em menor medida em Taiwan, onde uma língua taiwanesa escrita tende a se constituir, mas permanece limitada a publicações de difusão restrita. Esse distanciamento em relação à norma continua à margem, embora afete inclusive a informática, pois em Hong-Kong há programas para acessar caracteres chineses em transcrição alfabética do cantonês.

II. Línguas não chinesas

Vários países, que durante muitos séculos sofreram a influência cultural da China, adotaram sua escrita não apenas para as palavras de importação chinesa, mas para transcrever sua própria língua falada. Disso resultaram sistemas compósitos, mais ou menos duráveis. Hoje, o vietnamita escreve-se alfabeticamente, o coreano dispõe de um sistema alfabético, fazendo um uso apenas secundária dos caracteres chineses, enquanto o japonês, que mistura signos silábicos e caracteres chineses, não parece tender a um abandono destes últimos.

1. **Coreano** – A escrita chinesa teria começado a ser utilizada na Coreia a partir do século V da nossa era, ao mesmo tempo para transcrever empréstimos chineses (essencialmente termos religiosos – budistas –, administrativos, técnicos etc.) e para escrever a própria língua coreana, embora a sua estrutura seja bem diferente da do chinês.

A escrita nacional coreana, que é alfabética e compreende, no seu estado atual, 26 signos, foi inventada no século XV. Ela possui uma característica notável: os signos alfabéticos são dispostos na página de modo a lembrar os caracteres chineses. As consoantes e as vogais de cada sílaba são justapostas no interior de um quadrado imaginário, formando blocos separados por espaços iguais.

Na Coreia do Norte, essa escrita nacional substituiu totalmente a escrita chinesa desde a divisão do país. Na Coreia do Sul, todos os documentos oficiais, os jornais, os romances, os livros e revistas científicos são escritos em letras coreanas. Os caracteres chineses geralmente só são utilizados para precisar o sentido exato de uma palavra que poderia ser confundida com um homônimo. Em compensação, faz-se ainda um grande uso dos caracteres chineses para os textos de lei e tudo o que diz respeito às questões judiciárias.

A mistura de signos coreanos e de caracteres chineses num mesmo texto não produz um efeito demasiado chocante em virtude da disposição gráfica antes indicada: as letras coreanas agrupadas em sílabas ocupam espaços comparáveis aos dos caracteres.

Ainda são ensinados 1.800 caracteres chineses em escolas e colégios da Coreia do Sul. A leitura de *textos* chineses não é acessível aos coreanos que não aprenderam essa língua. Muitas das pessoas de mais idade que, sem saber o chinês, têm uma boa cultura tradicional coreana podem ser capazes de saber do que se trata, mas não de ler verdadeiramente.

2. **Japonês** – Quando entraram em contato com a civilização chinesa, primeiro por intermédio dos coreanos (por volta do século IV d.C.), depois diretamente, os japoneses não tinham uma escrita própria. Eles importaram as grafias chinesas, assim como uma série de termos e textos chineses. A maneira como funciona atualmente a escrita no Japão se explica pela combinação da língua japonesa com os diversos tipos de empréstimos.

Um texto japonês comporta uma proporção variável de caracteres chineses e de signos silábicos, os *kana*. Um caractere corresponde ao mesmo tempo a um som e a um sentido; um *kana* tem por função representar apenas um grupo de sons. Assim, o *kana* que se pronuncia *ma* pode transcrever a sílaba *ma* em qualquer palavra japonesa, independentemente do seu sentido.

A) *Os caracteres chineses em japonês* – Os caracteres chineses servem primeiramente para transcrever os termos tomados de empréstimo ao chinês. Para essa parte da língua em que os japoneses importaram ao mesmo tempo a forma oral e a forma escrita, a forma oral é derivada da pronúncia chinesa na época do empréstimo: é o que se chama o "sino-japonês". Como em chinês, a cada caractere corresponde uma sílaba.

Por outro lado, pode-se escrever uma palavra propriamente japonesa com os caracteres chineses de mesmo sentido. Nesse caso, a forma oral continua sendo japonesa, e somente a grafia é importada. No entanto, em japonês, o caractere não corresponde necessariamente a uma única sílaba. Por exemplo, a palavra japonesa *hito* "homem" é escrita com um caractere que significa igualmente "homem" em chinês e que se lê *ren* nessa língua.[1] Do mesmo modo, a palavra japonesa *yama* "montanha" é escrita com um caractere único, que se lê *san* em sino-japonês e *shan* em chinês.

Deve-se assinalar, enfim, que a simplificação dos caracteres, que se operou independentemente nos dois países, resultou, para um certo número de caracteres usuais, em formas diferentes.

B) *Os "kana"* – O silabário *kana*, que contém 51 signos, possui duas variantes gráficas cujos empregos são complementares. Os *hiragana* são derivados de grafias cursivas de caracteres chineses. Servem para transcrever foneticamente as palavras japonesas em todos os casos em que não se utilizam os próprios caracteres chineses e, de um modo geral, em tudo o que, na língua japonesa, diferencia-se demais do chinês para ser expresso pelos caracteres (desinências, partículas etc.). Os *katakana* são derivados de grafias de *elementos* de caracteres chineses e transcrevem palavras de origem estrangeira diferentes do chinês (inglesas, francesas etc.), ou então servem para precisar as pronúncias de caracteres chineses poucos frequentes. Os *hiragana* têm uma aparência ondulosa e flexível, enquanto os *katagana* são rígidos e angulosos.

C) *Empregos respectivos dessas escritas* – O *kana* (mais precisamente o *hiragana*) foi durante muito tempo chamado a "escrita das mulheres". A sua educação era sumária: elas aprendiam apenas os *kana*, o que lhes dava

---

1. São as pronúncias atuais; as formas orais, no momento do empréstimo, não tinham mais relação entre si. (N.A.)

acesso a romances e outros textos literários que, na maioria das vezes, eram transcritos assim, mas lhes impedia a leitura de todos os textos ditos "sérios", filosóficos, históricos, científicos, técnicos etc., que permaneciam em caracteres chineses. Essa divisão entre a literatura "vulgar" e os outros tipos de escritos persistiu de forma mais ou menos nítida.

D) *Evolução recente e tendências* – Até a Segunda Guerra Mundial, qualquer caractere chinês podia ser empregado em japonês, o que acontecia de fato com um grande número deles. Em 1927, os grandes jornais de Tóquio utilizavam entre 7.500 e 8.000 caracteres, e estimava-se que um leitor culto devia conhecer cerca de 5.000. Isso implicava um esforço bem maior que o conhecimento do mesmo número de caracteres em chinês, pois cada caractere em japonês tem normalmente, além de uma ou várias pronúncias para seus empregos nas palavras de origem chinesa, uma ou várias pronúncias para as palavras japonesas que ele transcreve conforme o sentido delas. Os *kana* eram empregados para as terminações gramaticais e também ao lado de caracteres para precisar sua leitura em muitos casos ambíguos.

Depois da guerra, houve uma campanha, estimulada pelas autoridades americanas, em favor da romanização pura e simples do japonês, isto é, de sua transcrição alfabética em caracteres latinos. Essa reforma foi rejeitada. Por outro lado, houve uma forte pressão, aparentemente com melhores resultados, no sentido de limitar o uso dos caracteres chineses em japonês, ou mesmo de suprimi-los totalmente para reduzir todo o sistema gráfico ao silabário em *kana*.

O governo japonês publicou em 1946 uma lista de 1.850 caracteres que podiam ser utilizados "temporariamente", até que fosse feita uma reforma mais radical.[2] Essa lista, que supostamente constituía um máximo pro-

---

2. Cf. Christopher Seeley, 1991. (N.A.)

visório, tornou-se de fato a norma mínima – ensinada nas escolas de nível fundamental e médio. Os jornais e as revistas reduziram sua tipografia em caracteres chineses a essas 1.850 formas. Contudo, os escritos técnicos e científicos não levam essa lista muito em conta e utilizam um grande número de caracteres diferentes.

E) *Acesso aos textos chineses* – Como os caracteres chineses constituíam uma parte intrínseca da escrita japonesa, seu uso difundiu-se bastante no Japão para que os japoneses pudessem identificar o tema de um texto escrito em chinês e para que os chineses pudessem compreender do que trata um texto japonês em que é grande a proporção de caracteres chineses – o que acontece com os livros científicos. Todavia, em nenhum dos dois sentidos, se não se aprendeu a língua do outro, pode-se dizer que há uma verdadeira leitura.

3. **Vietnã** – O vietnamita foi transcrito a partir do século XVII numa escrita alfabética em letras latinas, que se tornou a norma no começo do século XX. O conhecimento dos caracteres chineses não chegou a desaparecer, mas atualmente eles não são mais de uso corrente.

À escrita em caracteres chineses propriamente ditos, *chu-nho*, "escrita de letrados", correspondia uma leitura em *sino-vietnamita*, isto é, numa pronúncia diretamente derivada do chinês por volta do século V d.C. Por outro lado, um certo número de textos literários foi escrito em *língua vietnamita* numa outra escrita, composta a partir dos elementos e segundo os princípios da escrita chinesa, o *chu-nôm*. Em sua maior parte, os caracteres dessa escrita são formados por um elemento de caractere chinês (ou por um caractere inteiro), tomado para o seu sentido, e de um elemento (ou um caractere inteiro) escolhido para indicar a pronúncia da palavra vietnamita que se buscava transcrever. Alguns caracteres foram adotados tais e quais por seu valor fonético no momento do empréstimo.

III. Escritas derivadas

Contrariamente a países como a Coreia ou o Japão, que não possuíam nenhuma escrita antes dos primeiros contatos com a civilização chinesa, muitas populações situadas ao longo das fronteiras ocidentais da China utilizavam escritas alfabéticas para registrar suas línguas, de tipo altaico* em sua maior parte. Elas nunca utilizaram a escrita chinesa, embora a conhecessem e fossem sensíveis ao seu prestígio. Isso as teria obrigado a aprender a língua chinesa; suas próprias línguas eram pouco adaptadas ao sistema silábico que a escrita chinesa implica.

Várias vezes, porém, foram inventadas escritas novas que não eram chinesas, mas que se assemelhavam formalmente a ela: signos inscritos num quadrado ou retângulo, traços retilíneos traçados numa certa ordem. Nenhuma dessas escritas teve uma grande extensão nem um uso muito prolongado no tempo. Podemos citar o *Xi Xia* (*Si-hia*) ou escrita dos tangutes, povo estabelecido no noroeste da China (Gansu e Qinghai atuais), o *Ruzhen* (*Jürchen*), nos confins da Coreia e da Manchúria, e o *Qidan* (*Khitan*) na Mongólia oriental.[3]

---

* Família linguística que compreende cerca de sessenta línguas faladas na Ásia central, nas fronteiras da ex-URSS, China e Mongólia ocidental. (N.T.)

3. Sobre as diversas escritas atestadas em um ou outro momento nos confins da China ou entre as minorias do Sul do país, ver Robert R. Ramsey, *The languages of China*, Princeton University Press, 1987. (N.A.)

Capítulo VII
Transcrições alfabéticas do chinês

I. Antes dos tempos modernos

A utilização de escritas alfabéticas na China é um fato recente que por muito tempo só esteve relacionado aos estrangeiros. Às vezes, isso é apresentado como uma lacuna, atribuída ao isolamento da China ou a dificuldades técnicas. Esse ponto de vista não parece bem fundamentado. Se os chineses manifestaram pouco interesse pelas escritas alfabéticas, é porque não sentiam a necessidade delas.

1. **Influências asiáticas** – Não foi por ignorância de outros sistemas possíveis que os chineses conservaram sua escrita. Eles tinham conhecimento, ao menos desde a introdução do budismo na China no começo da nossa era, de escritas que registram os sons da linguagem. É o caso da escrita sânscrita e também das escritas tibetana, uigur, mongol etc. Desde o século VII, os estudos fonológicos, por influência provável dos indianos, resultaram numa análise da sílaba chinesa que poderia ter servido de base a uma transcrição fonética.

2. **A experiência mongol** – Quando a China foi conquistada no século XIII por Kublai Khan, o sucessor de Gêngis Khan, os mongóis procuraram escrever a língua chinesa num sistema com base fonética semelhante a todos os que eram usados nas regiões ocidentais da Ásia. Em 1260, Kublai encarregou um certo Pa'-sse-pa de formar novos "caracteres mongóis", que pudessem registrar os sons do mongol (escritos até então em caracteres uigu-

res) e os sons do chinês. Em 1269, um decreto determinou o uso desses caracteres em todo o império. Como os funcionários só deviam usar o mongol, os textos *chineses* escritos *pa'-sse-pa* são bastante raros. A população chinesa era totalmente refratária a essa inovação imposta pelo ocupante estrangeiro que, após a queda da dinastia mongol, foi abandonada.

3. **A ocupação manchu** – Os manchus, povo nômade vindo do sul da Sibéria e de língua altaica, conquistaram o império chinês em 1644 e mantiveram seu controle até a revolução de 1911. Cerca de 50 anos antes de invadir a China, eles haviam adotado a escrita mongol, cujo sistema gráfico de origem semítica deriva dos alfabetos sírio e aramaico. Para adaptá-la à sua língua, eles acrescentaram pontos e círculos. Poucos chineses aprenderam a falar o manchu, mas um número não pequeno deles teve de aprender a escrevê-lo ou ao menos a lê-lo, pois era a língua oficial do Império da China e todos os documentos administrativos de alto nível eram bilíngues. Além disso, os textos clássicos e a literatura chinesa foram traduzidos em massa por ordem dos imperadores. Sem entrar nos detalhes de uma história complexa, podemos observar aqui que esse contato prolongado com uma escrita alfabética não suscitou nenhuma curiosidade da parte dos chineses.

4. **A ciência fonológica chinesa** – Já muito antes (século VII), os chineses preocupavam-se em escrever com precisão os sons de sua língua para codificar de maneira rigorosa as rimas utilizadas em poesia. Por outro lado, a importação do budismo oportunizou-lhes tomar conhecimento da ciência fonológica indiana, que desempenhou um papel de estímulo importante.

Os letrados chineses empregaram um certo número de procedimentos analógicos, sem referência aos valores concretos dos sons, usando os próprios caracteres como termos de comparação.

A maneira mais sumária de indicar a pronúncia de um caractere é citar um outro caractere, de pronúncia idêntica ou vizinha, sendo esta supostamente conhecida. Já no século I da nossa era, encontramos fórmulas do tipo *x du ruo x'*, "*x* se lê como *x* '".

No século III, surge um sistema de decomposição, o *fanqie*, que faz intervir a divisão tradicional da sílaba chinesa em inicial e final. A pronúncia de um caractere A é descrita com o auxílio de dois outros caracteres: um caractere B que tem a mesma *inicial* que A (mas não necessariamente outro elemento comum) e um caractere C que tem a mesma *final* e o mesmo *tom* que A (mas não necessariamente a mesma inicial). Por exemplo, a leitura do caractere *tang* é dada por meio de dois caracteres, o primeiro começando por *t* - (pode ser *ta*, *ti*, *tan* etc., pouco importando o que não é a inicial), o segundo contendo a final *ang* no terceiro tom (pode ser *ang*, *lang*, *bang* etc.).

Esse sistema poderia ter dado origem a uma escrita com base fonética se cada inicial e cada final fosse sempre representada pelos mesmos caracteres. Isso nunca aconteceu: como a escolha dos caracteres que servem ao *fanqie* permaneceu inteiramente livre, pode-se empregar qualquer caractere chinês que tenha a pronúncia conveniente.

Posteriormente, aparecem os dicionários de rimas e as *tábuas de rimas*. A sua organização implica uma análise da final em elemento pré-vocálico, vogal e elemento final, levando-se em conta o tom. Essas obras não dão o valor fonético, a "pronúncia" dos caracteres, mas elas os ordenam (por quadros, colunas, séries de linhas) de acordo com determinada característica fonológica comum.

Apesar da sua natureza de certo modo algébrica, essas tábuas constituem um dos documentos essenciais nos quais se fundam as reconstruções do chinês antigo. Elas provam, em todo caso, que os letrados chineses, provavelmente sob a influência dos especialistas hindus do sânscrito, haviam chegado já na época Tang a uma *análise segmental* do chinês. Se eles não consideraram nessa época uma transcrição fonética, não é porque não detinham o domínio técnico, mas certamente porque a superioridade desse sistema de modo nenhum estava demonstrada a seus olhos.

II. Transcrições destinadas aos europeus

Matteo Ricci, missionário jesuíta na China, teria publicado em 1605 um opúsculo, hoje perdido, contendo um texto em caracteres chineses com uma transcrição alfabética, a fim de facilitar aos europeus a aprendizagem do chinês. Em 1626, um jesuíta francês, Nicolas Trigault, publicou um dicionário com uma transcrição alfabética em letras latinas da pronúncia dos caracteres. Ele utilizava uma versão melhorada do sistema de Ricci.

A diversidade das línguas da Europa logo ocasionou uma multiplicação das transcrições, cada uma entendendo o chinês em função do seu sistema fonológico próprio e registrando-o segundo as normas de sua ortografia nacional. O padre Prémare, que redigiu uma gramática chinesa no começo do século XVIII[1], assinala que uma mesma sílaba chinesa é anotada *chi* pelos espanhóis, *ci* pelos italianos, *tchi* pelos franceses.

Os numerosos sistemas de transcrições, elaborados por estrangeiros, acabaram criando uma situação totalmente anárquica no plano internacional; em compensação, eles contribuíram para despertar o interesse dos próprios chineses por esse tipo de escrita. Foram recenseados[2] 35 sistemas

---

1. Cf. Prémare, op. cit. (N.A.)
2. Zhou Youguang, op. cit., p. 172-188. I.L. Legeza, em seu *Guide to transliterated Chinese in the Modern Peking Dialect* (Leyde, 1968), oferece as regras de conversão para 21 sistemas de "uso corrente". (N.A.)

diferentes de transcrição do chinês. Um mesmo caractere era transcrito, por exemplo, *shang* por um inglês, *chang* por um francês, *schang* por um alemão e ша por um russo. Assim, alguns livros de divulgação, publicados na Europa, chegavam a citar o mesmo personagem chinês, a algumas páginas de distância, em ortografias diferentes, apresentando-os como dois indivíduos distintos!

O sistema de transcrição oficialmente adotado na China, o *pinyin*, agora é também o mais difundido no plano internacional, em particular na Europa. A ISO[3] adotou em 1982 o *pinyin* como norma internacional de romanização do chinês (ISO 7098).

III. Transcrições chinesas

As tentativas estrangeiras vieram lembrar aos chineses que sua língua podia ser transcrita alfabeticamente, numa época em que os dissabores políticos do país e o seu atraso técnico incitavam alguns deles a buscar as razões da eficácia ocidental. A escrita alfabética, sendo um dos bens comuns a todos os europeus, foi vista como capaz de permitir uma difusão das ciências e das técnicas muito mais rápida do que pelos caracteres chineses.

Os reformadores chineses interessaram-se primeiro pelas notações em letras latinas dos dialetos do Sul, que eram utilizadas pelos missionários protestantes. A partir de 1900, eles procuraram criar silabários ou alfabetos originais para transcrever o falar mandarim e, mais especialmente, o pequinês. Após diversas tentativas, foi adotado em 1918 um sistema, o *zhuyin zimu*, de 39 signos, com grafias angulosas derivadas dos caracteres chineses e inspirado na análise tradicional da sílaba. Essa transcrição não se destinava a substituir os caracteres, mas a *precisar a pronúncia da língua nacional*. Ela teve um sucesso efe-

---

3. International Organisation for Standardization (Organização Internacional para Padronização). (N.A.)

tivo sob a República e continuou sendo usada em Taiwan, onde é empregada no ensino fundamental e no acesso aos caracteres em computador.

Nem por isso as pesquisas cessaram e, em 1926, um grupo de linguistas chineses elaborou o *Gwoyeu Romatzyh* (GR), que utiliza as letras latinas e marca os tons não com o auxílio de acentos ou de sinais, mas por substituições de letras. Igualmente em letras latinas, o *Latinxua* foi elaborado em 1929 por um grupo de comunistas chineses e de linguistas russos, sendo destinado a populações chinesas estabelecidas na URSS e às massas chinesas iletradas.

Desde a constituição da República Popular da China, em 1949, uma nova transcrição foi criada. Em 1955, decidiu-se utilizar as letras latinas de preferência ao cirílico* ou a qualquer outro sistema do tipo *kana* a fim de facilitar a transcrição de nomes estrangeiros e as trocas internacionais. Em 1956, um projeto de alfabeto foi divulgado em todo o país para discussão e crítica. Após algumas modificações, ele foi adotado em fevereiro de 1958. É o Alfabeto Fonético Chinês (AFC), designado de maneira mais geral pelo termo *pinyin*, "soletração".

IV. Situação do "pinyin" em relação à escrita em caracteres

1. **Concepções iniciais** – A intenção dos que instituíram o *pinyin* não era substituir imediatamente os caracteres chineses por essa escrita alfabética. Eles colocavam como condição prévia à generalização do *pinyin* a unificação da língua falada em toda a China, isto é, o uso efetivo da "língua comum" (*putonghua*) de uma ponta a outra do país. Os caracteres eram um fator de unidade que não se pode pensar em sacrificar enquanto subsistem dialetos locais múltiplos, ou pelo menos enquanto existem zonas

---

* O alfabeto eslavo. (N.T.)

onde os falares locais são predominantes ou até mesmo exclusivos.

A longo prazo, porém, os reformadores pensavam em relegar os caracteres entre as "riquezas culturais" que raramente se utilizam. A Comissão de Reforma da Escrita chinesa (*Wensi gaige weiyuanhui*) endereçou ao Congresso dos Jovens Sinólogos, realizado em Paris em 1957, uma carta bastante explícita[4]:

"Prevemos que, após a conclusão completa do trabalho de reforma da escrita, isto é, após o fim do período de transição, poderá haver ainda lições de caracteres chineses não apenas nos departamentos de literatura e de história das universidades, mas também nas escolas médias, assim como há lições de latim nas escolas atuais da Grã-Bretanha e da França. Haverá ainda, nesse momento, pessoas que, após terem aprendido a escrita fonética, desejarão ir mais longe e aprender os caracteres chineses, ou mesmo aprofundar seu conhecimento deles, a fim de organizar nossa herança cultural e, em particular, transcrever em escrita fonética as obras eminentes da nossa antiga literatura, colocando essas obras ao alcance de um público amplo e contribuindo assim para perpetuar e exaltar nossa gloriosa herança cultural."

Os chineses pensavam então que a supressão dos caracteres era a condição de toda democratização verdadeira do ensino, porque, segundo eles, o tempo dedicado à sua aprendizagem era um luxo que jamais se poderia oferecer à massa dos trabalhadores e uma perda de tempo para todo mundo. Eles sublinhavam igualmente as dificuldades que isso criava nas trocas internacionais.

A primeira aplicação efetiva do *pinyin* foi realizada nas escolas primárias e nos cursos para adultos. Visava dar às pessoas as bases de uma pronúncia correta da "lín-

---

4. Traduzida por P. Demiéville, citada por J. Février, *Histoire de l'écriture*, Paris, 1959. (N.A.)

gua comum" e, a seguir, à medida que elas aprendessem caracteres, indicar-lhes a pronúncia deles.

2. **Situação atual** – Cerca de 50 anos após a instituição do *pinyin*, um viajante na China quase não perceberá a existência desse sistema alfabético. Com exceção das placas contendo o nome das avenidas de Pequim, dos letreiros de algumas lojas e dos *outdoors* publicitários em que a transcrição é dada abaixo dos caracteres, ele verá poucos sinais de sua presença: os cartazes, as projeções do texto ao lado da cena durante as sequências cantadas das óperas, as inscrições poéticas nos objetos usuais – bules de chá, pauzinhos, papel de carta etc. –, tudo isso está em caracteres chineses. Nas livrarias, só há obras que utilizam o *pinyin* nas prateleiras de livros ilustrados para crianças ou de compilações de canções. Mesmo assim, são pouco numerosos, sendo sobretudo textos em caracteres nos quais uma versão em *pinyin*, intercalada entre as linhas, mostra a pronúncia correta. Todos os jornais, revistas e livros são produzidos inteiramente em caracteres. Chega-se a ver mais letras alfabéticas transcrevendo em maiúsculas nomes de marcas ou abreviações, como OK e DVD, do que palavras chinesas em *pinyin*.

O único domínio no qual o *pinyin* adquiriu um papel importante na sociedade chinesa é o ensino fundamental. Nas escolas primárias, ele começa a ser ensinado na primeira lição. Os caracteres chineses, introduzidos ao longo de algumas semanas ou de alguns meses, são acompanhados de sua transcrição em *pinyin* pelo menos até o final da 2ª série.

Tão logo são capazes de ler manuais inteiramente em caracteres, as crianças em sua maior parte negligenciam o *pinyin*. No ensino médio e na universidade, essa transcrição não é mais usada. Mesmo os estudantes de línguas estrangeiras, de outro modo familiarizados com o sistema alfabético, não o praticam para o chinês. Deve ser dito, porém, que os adolescentes escolarizados não parecem mais tão desorientados como há pouco ao se confrontarem hoje com uma inscrição em *pinyin*.

3. **Perspectivas** – A alfabetização do chinês não esbarra em obstáculos propriamente técnicos – o *pinyin* é uma excelente transcrição –, mas no fato de sua necessidade não ser sentida. Nos anos 50, os caracteres chineses pareciam um obstáculo ao desenvolvimento dos povos que os utilizavam e previa-se seu desaparecimento a mais ou menos longo prazo. Foi constatado desde então que seu uso não é um obstáculo nem à elevação do nível de educação da população, nem ao desenvolvimento econômico.

No começo do século XXI, a questão da manutenção ou da supressão dos caracteres não mais se coloca.

REFERÊNCIAS

ALLETON, Viviane (sob a direção de). *Paroles à dire, paroles à écrire; Inde, Chine, Japon*. Paris: Éd. de l'École des hautes études en sciences sociales, 1997.

ALLETON, Viviane. "L'écriture chinoise se lit-elle différemment des écritures alphabétiques?", *Revue bibliographique de sinologie*, 1995/XIII.

BILLETER, Jean-François. *L'art chinois de l'écriture*. Genebra: Skira, 1989.

BOLTZ, William G. *The Origin and Early Development of the Chinese Writing System*. New Haven (Conn.): American Oriental Society, 1994.

BOLTZ, William G. "Language and Writing", in Michael Loewe and Edward L. Shaughnessy (eds.). *The Cambridge History of the Ancient China, From the Origins of Civilisation to 221 BC*. Cambridge UP., 1999.

BOTTERO, Françoise. *Sémantisme et classification dans l'écriture chinoise: Les systèmes de classement des caractères par clés du "Shuowen jiezi" au "Kangxi zidian"*. Paris: Collège de France, Institut des hautes études chinoises, 1996.

COULMAS, Florian. *The Blackwell Encyclopedia of Writing Systems*. Oxford University Press, 1996.

DAVID, Madeleine-V. *Le débat sur les écritures et l'hiéroglyphe aux XVIIe et XVIIIe siècles et l'application de la notion de déchiffrement aux écritures mortes*. Paris: Bibliothèque générale de l'École pratique des hautes études, VI section, 1965 (École des hautes études en sciences sociales).

DEFRANCIS, John. *The Chinese Language, Fact and Fantasy*. University of Hawaii Press, 1984.

GERNET, Jacques. "La Chine, aspects et fonctions psychologiques de l'écriture", em *L'écriture et la psychologie des peuples*. Paris: Centre International de synthèse, 1963.

GRANET, Marcel. *La pensée chinoise*. Paris: Albin Michel, 1934; reeditado em 1950 e 1968.

HARRIST, Robert H., Fong, Wen C. (eds.). *The Embodied Image. Chinese callygraphy from the John B. Elliott Collection*. The Art Museum, Princeton University, 1999.

HSIUNG, Ping-Ming. *Zhang Xu et la calligraphie cursive folle.* Paris: Collège de France (Mémoires de l'Institut des hautes études chinoises), 1984.

KRAUS, Richard Curt. *Brushes with power. Modern Politics and the Chinese Art of calligraphy.* University of California Press, 1991.

RAMSAY, Robert R. *The Languages of China.* Princeton University Press, 1987.

SEELY, Christopher. *A History of Writing in Japan.* Leiden: Brill, 1991.

SHITAO. *Les propos sur la peinture du moine Citrouille-amère* (trad. fr. Pierre Ryckmans). Paris: Hermann, 1984.

ULDALL, H.J. "Speech and writing", in *Acta Linguistica.* Copenhague: 1944. Reproduzido em *Readings in Linguistics*, II. University of Chicago Press, 1966.

YANG, Yu-hsun. *La calligraphie chinoise depuis les Han.* Paris: Geuthner, 1933.

ZHOU, Youguang. *Hanzi gaige gailun (Tratado sobre a reforma da escrita chinesa).* Pequim: 1964.

Coleção L&PM POCKET (LANÇAMENTOS MAIS RECENTES)

378. **Alice no país do espelho** – Lewis Carroll
379. **Residência na Terra 1** – Pablo Neruda
380. **Residência na Terra 2** – Pablo Neruda
381. **Terceira Residência** – Pablo Neruda
382. **O delírio amoroso** – Bocage
383. **Futebol ao sol e à sombra** – E. Galeano
384(9). **O porto das brumas** – Simenon
385(10). **Maigret e seu morto** – Simenon
386. **Radicci 4** – Iotti
387. **Boas maneiras & sucesso nos negócios** – Celia Ribeiro
388. **Uma história Farroupilha** – M. Scliar
389. **Na mesa ninguém envelhece** – J. A. Pinheiro Machado
390. **200 receitas inéditas do Anonymus Gourmet** – J. A. Pinheiro Machado
391. **Guia prático do Português correto – vol.2** – Cláudio Moreno
392. **Breviário das terras do Brasil** – Assis Brasil
393. **Cantos Cerimoniais** – Pablo Neruda
394. **Jardim de Inverno** – Pablo Neruda
395. **Antonio e Cleópatra** – William Shakespeare
396. **Tróia** – Cláudio Moreno
397. **Meu tio matou um cara** – Jorge Furtado
398. **O anatomista** – Federico Andahazi
399. **As viagens de Gulliver** – Jonathan Swift
400. **Dom Quixote** – (v. 1) Miguel de Cervantes
401. **Dom Quixote** – (v. 2) Miguel de Cervantes
402. **Sozinho no Pólo Norte** – Thomaz Brandolin
403. **Matadouro 5** – Kurt Vonnegut
404. **Delta de Vênus** – Anaïs Nin
405. **O melhor de Hagar 2** – Dik Browne
406. **É grave Doutor?** – Nani
407. **Orai pornô** – Nani
408(11). **Maigret em Nova York** – Simenon
409(12). **O assassino sem rosto** – Simenon
410(13). **O mistério das jóias roubadas** – Simenon
411. **A irmãzinha** – Raymond Chandler
412. **Três contos** – Gustave Flaubert
413. **De ratos e homens** – John Steinbeck
414. **Lazarilho de Tormes** – Anônimo do séc. XVI
415. **Triângulo das águas** – Caio Fernando Abreu
416. **100 receitas de carnes** – Sílvio Lancellotti
417. **Histórias de robôs**: vol. 1 – org. Isaac Asimov
418. **Histórias de robôs**: vol. 2 – org. Isaac Asimov
419. **Histórias de robôs**: vol. 3 – org. Isaac Asimov
420. **O país dos centauros** – Tabajara Ruas
421. **A república de Anita** – Tabajara Ruas
422. **A carga dos lanceiros** – Tabajara Ruas
423. **Um amigo de Kafka** – Isaac Singer
424. **As alegres matronas de Windsor** – Shakespeare
425. **Amor e exílio** – Isaac Bashevis Singer
426. **Use & abuse do seu signo** – Marília Fiorillo e Marylou Simonsen
427. **Pigmaleão** – Bernard Shaw
428. **As fenícias** – Eurípides
429. **Everest** – Thomaz Brandolin
430. **A arte de furtar** – Anônimo do séc. XVI
431. **Billy Bud** – Herman Melville
432. **A rosa separada** – Pablo Neruda
433. **Elegia** – Pablo Neruda
434. **A garota de Cassidy** – David Goodis
435. **Como fazer a guerra: máximas de Napoleão** – Balzac
436. **Poemas escolhidos** – Emily Dickinson
437. **Gracias por el fuego** – Mario Benedetti
438. **O sofá** – Crébillon Fils
439. **O "Martín Fierro"** – Jorge Luis Borges
440. **Trabalhos de amor perdidos** – W. Shakespeare
441. **O melhor de Hagar 3** – Dik Browne
442. **Os Maias (volume1)** – Eça de Queiroz
443. **Os Maias (volume2)** – Eça de Queiroz
444. **Anti-Justine** – Restif de La Bretonne
445. **Juventude** – Joseph Conrad
446. **Contos** – Eça de Queiroz
447. **Janela para a morte** – Raymond Chandler
448. **Um amor de Swann** – Marcel Proust
449. **À paz perpétua** – Immanuel Kant
450. **A conquista do México** – Hernan Cortez
451. **Defeitos escolhidos e 2000** – Pablo Neruda
452. **O casamento do céu e do inferno** – William Blake
453. **A primeira viagem ao redor do mundo** – Antonio Pigafetta
454(14). **Uma sombra na janela** – Simenon
455(15). **A noite da encruzilhada** – Simenon
456(16). **A velha senhora** – Simenon
457. **Sartre** – Annie Cohen-Solal
458. **Discurso do método** – René Descartes
459. **Garfield em grande forma (1)** – Jim Davis
460. **Garfield está de dieta (2)** – Jim Davis
461. **O livro das feras** – Patricia Highsmith
462. **Viajante solitário** – Jack Kerouac
463. **Auto da barca do inferno** – Gil Vicente
464. **O livro vermelho dos pensamentos de Millôr** – Millôr Fernandes
465. **O livro dos abraços** – Eduardo Galeano
466. **Voltaremos!** – José Antonio Pinheiro Machado
467. **Rango** – Edgar Vasques
468(8). **Dieta mediterrânea** – Dr. Fernando Lucchese e José Antonio Pinheiro Machado
469. **Radicci 5** – Iotti
470. **Pequenos pássaros** – Anaïs Nin
471. **Guia prático do Português correto – vol.3** – Cláudio Moreno
472. **Atire no pianista** – David Goodis
473. **Antologia Poética** – García Lorca
474. **Alexandre e César** – Plutarco
475. **Uma espiã na casa do amor** – Anaïs Nin
476. **A gorda do Tiki Bar** – Dalton Trevisan
477. **Garfield um gato de peso (3)** – Jim Davis
478. **Canibais** – David Coimbra
479. **A arte de escrever** – Arthur Schopenhauer
480. **Pinóquio** – Carlo Collodi
481. **Misto-quente** – Bukowski
482. **A lua na sarjeta** – David Goodis
483. **O melhor do Recruta Zero (1)** – Mort Walker
484. **Aline: TPM – tensão pré-monstrual (2)** – Adão Iturrusgarai
485. **Sermões do Padre Antonio Vieira**

486. **Garfield numa boa (4)** – Jim Davis
487. **Mensagem** – Fernando Pessoa
488. **Vendeta** seguido de **A paz conjugal** – Balzac
489. **Poemas de Alberto Caeiro** – Fernando Pessoa
490. **Ferragus** – Honoré de Balzac
491. **A duquesa de Langeais** – Honoré de Balzac
492. **A menina dos olhos de ouro** – Honoré de Balzac
493. **O lírio do vale** – Honoré de Balzac
494(17). **A barcaça da morte** – Simenon
495(18). **As testemunhas rebeldes** – Simenon
496(19). **Um engano de Maigret** – Simenon
497(1). **A noite das bruxas** – Agatha Christie
498(2). **Um passe de mágica** – Agatha Christie
499(3). **Nêmesis** – Agatha Christie
500. **Esboço para uma teoria das emoções** – Sartre
501. **Renda básica de cidadania** – Eduardo Suplicy
502(1). **Pílulas para viver melhor** – Dr. Lucchese
503(2). **Pílulas para prolongar a juventude** – Dr. Lucchese
504(3). **Desembarcando o diabetes** – Dr. Lucchese
505(4). **Desembarcando o sedentarismo** – Dr. Fernando Lucchese e Cláudio Castro
506(5). **Desembarcando a hipertensão** – Dr. Lucchese
507(6). **Desembarcando o colesterol** – Dr. Fernando Lucchese e Fernanda Lucchese
508. **Estudos de mulher** – Balzac
509. **O terceiro tira** – Flann O'Brien
510. **100 receitas de aves e ovos** – J. A. P. Machado
511. **Garfield em toneladas de diversão (5)** – Jim Davis
512. **Trem-bala** – Martha Medeiros
513. **Os cães ladram** – Truman Capote
514. **O Kama Sutra de Vatsyayana**
515. **O crime do Padre Amaro** – Eça de Queiroz
516. **Odes de Ricardo Reis** – Fernando Pessoa
517. **O inverno da nossa desesperança** – Steinbeck
518. **Piratas do Tietê (1)** – Laerte
519. **Rê Bordosa: do começo ao fim** – Angeli
520. **O Harlem é escuro** – Chester Himes
521. **Café-da-manhã dos campeões** – Kurt Vonnegut
522. **Eugénie Grandet** – Balzac
523. **O último magnata** – F. Scott Fitzgerald
524. **Carol** – Patricia Highsmith
525. **100 receitas de patisseria** – Sílvio Lancellotti
526. **O fator humano** – Graham Greene
527. **Tristessa** – Jack Kerouac
528. **O diamante do tamanho do Ritz** – Scott Fitzgerald
529. **As melhores histórias de Sherlock Holmes** – Arthur Conan Doyle
530. **Cartas a um jovem poeta** – Rilke
531(20). **Memórias de Maigret** – Simenon
532(4). **O misterioso sr. Quin** – Agatha Christie
533. **Os analectos** – Confúcio
534(21). **Maigret e os homens de bem** – Simenon
535(22). **O medo de Maigret** – Simenon
536. **Ascensão e queda de César Birotteau** – Balzac
537. **Sexta-feira negra** – David Goodis
538. **Dois a bolas – O humor de Mario Quintana** – Juarez Fonseca
539. **Longe daqui aqui mesmo** – Antonio Bivar
540(5). **É fácil matar** – Agatha Christie
541. **O pai Goriot** – Balzac
542. **Brasil, um país do futuro** – Stefan Zweig
543. **O processo** – Kafka
544. **O melhor de Hagar 4** – Dik Browne
545(6). **Por que não pediram a Evans?** – Agatha Christie
546. **Fanny Hill** – John Cleland
547. **O gato por dentro** – William S. Burroughs
548. **Sobre a brevidade da vida** – Sêneca
549. **Geraldão (1)** – Glauco
550. **Piratas do Tietê (2)** – Laerte
551. **Pagando o pato** – Ciça
552. **Garfield de bom humor (6)** – Jim Davis
553. **Conhece o Mário?** vol.1 – Santiago
554. **Radicci 6** – Iotti
555. **Os subterrâneos** – Jack Kerouac
556(1). **Balzac** – François Taillandier
557(2). **Modigliani** – Christian Parisot
558(3). **Kafka** – Gérard-Georges Lemaire
559(4). **Júlio César** – Joël Schmidt
560. **Receitas da família** – J. A. Pinheiro Machado
561. **Boas maneiras à mesa** – Celia Ribeiro
562(9). **Filhos sadios, pais felizes** – R. Pagnoncelli
563(10). **Fatos & mitos** – Dr. Fernando Lucchese
564. **Ménage à trois** – Paula Taitelbaum
565. **Mulheres!** – David Coimbra
566. **Poemas de Álvaro de Campos** – Fernando Pessoa
567. **Medo e outras histórias** – Stefan Zweig
568. **Snoopy e sua turma (1)** – Schulz
569. **Piadas para sempre (1)** – Visconde da Ca Verde
570. **O alvo móvel** – Ross Macdonald
571. **O melhor do Recruta Zero (2)** – Mort Walker
572. **Um sonho americano** – Norman Mailer
573. **Os broncos também amam** – Angeli
574. **Crônica de um amor louco** – Bukowski
575(5). **Freud** – René Major e Chantal Talagrand
576(6). **Picasso** – Gilles Plazy
577(7). **Gandhi** – Christine Jordis
578. **A tumba** – H. P. Lovecraft
579. **O príncipe e o mendigo** – Mark Twain
580. **Garfield, um charme de gato (7)** – Jim Davis
581. **Ilusões perdidas** – Balzac
582. **Esplendores e misérias das cortesãs** – Balzac
583. **Walter Ego** – Angeli
584. **Striptiras (1)** – Laerte
585. **Fagundes: um puxa-saco de mão cheia** – Laerte
586. **Depois do último trem** – Josué Guimarães
587. **Ricardo III** – Shakespeare
588. **Dona Anja** – Josué Guimarães
589. **24 horas na vida de uma mulher** – Stefan Zweig
590. **O terceiro homem** – Graham Greene
591. **Mulher no escuro** – Dashiell Hammett
592. **No que acredito** – Bertrand Russell
593. **Odisséia (1): Telemaquia** – Homero
594. **O cavalo cego** – Josué Guimarães
595. **Henrique V** – Shakespeare
596. **Fabulário geral do delírio cotidiano** – Bukowski
597. **Tiros na noite 1: A mulher do bandido** – Dashiell Hammett

598. **Snoopy em Feliz Dia dos Namorados! (2)** – Schulz
599. **Mas não se matam cavalos?** – Horace McCoy
600. **Crime e castigo** – Dostoiévski
601(7). **Mistério no Caribe** – Agatha Christie
602. **Odisséia (2): Regresso** – Homero
603. **Piadas para sempre (2)** – Visconde da Casa Verde
604. **À sombra do vulcão** – Malcolm Lowry
605(8). **Kerouac** – Yves Buin
606. **E agora são cinzas** – Angeli
607. **As mil e uma noites** – Paulo Caruso
608. **Um assassino entre nós** – Ruth Rendell
609. **Crack-up** – F. Scott Fitzgerald
610. **Do amor** – Stendhal
611. **Cartas do Yage** – William Burroughs e Allen Ginsberg
612. **Striptiras (2)** – Laerte
613. **Henry & June** – Anaïs Nin
614. **A piscina mortal** – Ross Macdonald
615. **Geraldão (2)** – Glauco
616. **Tempo de delicadeza** – A. R. de Sant'Anna
617. **Tiros na noite 2: Medo de tiro** – Dashiell Hammett
618. **Snoopy em Assim é a vida, Charlie Brown! (3)** – Schulz
619. **1954 – Um tiro no coração** – Hélio Silva
620. **Sobre a inspiração poética (Íon) e ...** – Platão
621. **Garfield e seus amigos (8)** – Jim Davis
622. **Odisséia (3): Ítaca** – Homero
623. **A louca matança** – Chester Himes
624. **Factótum** – Bukowski
625. **Guerra e Paz: volume 1** – Tolstói
626. **Guerra e Paz: volume 2** – Tolstói
627. **Guerra e Paz: volume 3** – Tolstói
628. **Guerra e Paz: volume 4** – Tolstói
629(9). **Shakespeare** – Claude Mourthé
630. **Bem está o que bem acaba** – Shakespeare
631. **O contrato social** – Rousseau
632. **Geração Beat** – Jack Kerouac
633. **Snoopy: É Natal! (4)** – Charles Schulz
634(8). **Testemunha da acusação** – Agatha Christie
635. **Um elefante no caos** – Millôr Fernandes
636. **Guia de leitura (100 autores que você precisa ler)** – Organização de Léa Masina
637. **Pistoleiros também mandam flores** – David Coimbra
638. **O prazer das palavras** – vol. 1 – Cláudio Moreno
639. **O prazer das palavras** – vol. 2 – Cláudio Moreno
640. **Novíssimo testamento: com Deus e o diabo, a dupla da criação** – Iotti
641. **Literatura Brasileira: modos de usar** – Luís Augusto Fischer
642. **Dicionário de Porto-Alegrês** – Luís A. Fischer
643. **Clô Dias & Noites** – Sérgio Jockymann
644. **Memorial de Isla Negra** – Pablo Neruda
645. **Um homem extraordinário e outras histórias** – Tchékhov
646. **Ana sem terra** – Alcy Cheuiche
647. **Adultérios** – Woody Allen
648. **Para sempre ou nunca mais** – R. Chandler
649. **Nosso homem em Havana** – Graham Greene
650. **Dicionário Caldas Aulete de Bolso**
651. **Snoopy: Posso fazer uma pergunta, professora? (5)** – Charles Schulz
652(10). **Luís XVI** – Bernard Vincent
653. **O mercador de Veneza** – Shakespeare
654. **Cancioneiro** – Fernando Pessoa
655. **Non-Stop** – Martha Medeiros
656. **Carpinteiros, levantem bem alto a cumeeira & Seymour, uma apresentação** – J.D.Salinger
657. **Ensaios céticos** – Bertrand Russell
658. **O melhor de Hagar 5** – Dik e Chris Browne
659. **Primeiro amor** – Ivan Turguêniev
660. **A trégua** – Mario Benedetti
661. **Um parque de diversões da cabeça** – Lawrence Ferlinghetti
662. **Aprendendo a viver** – Sêneca
663. **Garfield, um gato em apuros (9)** – Jim Davis
664. **Dilbert 1** – Scott Adams
665. **Dicionário de dificuldades** – Domingos Paschoal Cegalla
666. **A imaginação** – Jean-Paul Sartre
667. **O ladrão e os cães** – Naguib Mahfuz
668. **Gramática do português contemporâneo** – Celso Cunha
669. **A volta do parafuso** seguido de **Daisy Miller** – Henry James
670. **Notas do subsolo** – Dostoiévski
671. **Abobrinhas da Brasilônia** – Glauco
672. **Geraldão (3)** – Glauco
673. **Piadas para sempre (3)** – Visconde da Casa Verde
674. **Duas viagens ao Brasil** – Hans Staden
675. **Bandeira de bolso** – Manuel Bandeira
676. **A arte da guerra** – Maquiavel
677. **Além do bem e do mal** – Nietzsche
678. **O coronel Chabert** seguido de **A mulher abandonada** – Balzac
679. **O sorriso de marfim** – Ross Macdonald
680. **100 receitas de pescados** – Sílvio Lancellotti
681. **O juiz e seu carrasco** – Friedrich Dürrenmatt
682. **Noites brancas** – Dostoiévski
683. **Quadras ao gosto popular** – Fernando Pessoa
684. **Romanceiro da Inconfidência** – Cecília Meireles
685. **Kaos** – Millôr Fernandes
686. **A pele de onagro** – Balzac
687. **As ligações perigosas** – Choderlos de Laclos
688. **Dicionário de matemática** – Luiz Fernandes Cardoso
689. **Os Lusíadas** – Luís Vaz de Camões
690(11). **Átila** – Éric Deschodt
691. **Um jeito tranqüilo de matar** – Chester Himes
692. **A felicidade conjugal** seguido de **O diabo** – Tolstói
693. **Viagem de um naturalista ao redor do mundo** – vol. 1 – Charles Darwin
694. **Viagem de um naturalista ao redor do mundo** – vol. 2 – Charles Darwin
695. **Memórias da casa dos mortos** – Dostoiévski
696. **A Celestina** – Fernando de Rojas
697. **Snoopy: Como você é azarado, Charlie Brown! (6)** – Charles Schulz
698. **Dez (quase) amores** – Claudia Tajes
699(9). **Poirot sempre espera** – Agatha Christie
700. **Cecília de bolso** – Cecília Meireles
701. **Apologia de Sócrates** precedido de **Êutifron** e seguido de **Críton** – Platão

702. **Wood & Stock** – Angeli
703. **Striptiras (3)** – Laerte
704. **Discurso sobre a origem e os fundamentos da desigualdade entre os homens** – Rousseau
705. **Os duelistas** – Joseph Conrad
706. **Dilbert (2)** – Scott Adams
707. **Viver e escrever** (vol. 1) – Edla van Steen
708. **Viver e escrever** (vol. 2) – Edla van Steen
709. **Viver e escrever** (vol. 3) – Edla van Steen
710(10). **A teia da aranha** – Agatha Christie
711. **O banquete** – Platão
712. **Os belos e malditos** – F. Scott Fitzgerald
713. **Libelo contra a arte moderna** – Salvador Dalí
714. **Akropolis** – Valerio Massimo Manfredi
715. **Devoradores de mortos** – Michael Crichton
716. **Sob o sol da Toscana** – Frances Mayes
717. **Batom na cueca** – Nani
718. **Vida dura** – Claudia Tajes
719. **Carne trêmula** – Ruth Rendell
720. **Cris, a fera** – David Coimbra
721. **O anticristo** – Nietzsche
722. **Como um romance** – Daniel Pennac
723. **Emboscada no Forte Bragg** – Tom Wolfe
724. **Assédio sexual** – Michael Crichton
725. **O espírito do Zen** – Alan W.Watts
726. **Um bonde chamado desejo** – Tennessee Williams
727. **Como gostais** *seguido de* **Conto de inverno** – Shakespeare
728. **Tratado sobre a tolerância** – Voltaire
729. **Snoopy: Doces ou travessuras? (7)** – Charles Schulz
730. **Cardápios do Anonymus Gourmet** – J.A. Pinheiro Machado
731. **100 receitas com lata** – J.A. Pinheiro Machado
732. **Conhece o Mário?** vol.2 – Santiago
733. **Dilbert (3)** – Scott Adams
734. **História de um louco amor** *seguido de* **Passado amor** – Horacio Quiroga
735(11). **Sexo: muito prazer** – Laura Meyer da Silva
736(12). **Para entender o adolescente** – Dr. Ronald Pagnoncelli
737(13). **Desembarcando a tristeza** – Dr. Fernando Lucchese
738. **Poirot e o mistério da arca espanhola & outras histórias** – Agatha Christie
739. **A última legião** – Valerio Massimo Manfredi
740. **As virgens suicidas** – Jeffrey Eugenides
741. **Sol nascente** – Michael Crichton
742. **Duzentos ladrões** – Dalton Trevisan
743. **Os devaneios do caminhante solitário** – Rousseau
744. **Garfield, o rei da preguiça (10)** – Jim Davis
745. **Os magnatas** – Charles R. Morris
746. **Pulp** – Charles Bukowski
747. **Enquanto agonizo** – William Faulkner
748. **Aline: viciada em sexo (3)** – Adão Iturrusgarai
749. **A dama do cachorrinho** – Anton Tchékhov
750. **Tito Andrônico** – Shakespeare
751. **Antologia poética** – Anna Akhmátova
752. **O melhor de Hagar 6** – Dik e Chris Browne
753(12). **Michelangelo** – Nadine Sautel
754. **Dilbert (4)** – Scott Adams
755. **O jardim das cerejeiras** *seguido de* **Tio Vânia** – Tchékhov
756. **Geração Beat** – Claudio Willer
757. **Santos Dumont** – Alcy Cheuiche
758. **Budismo** – Claude B. Levenson
759. **Cleópatra** – Christian-Georges Schwentzel
760. **Revolução Francesa** – Frédéric Bluche, Stéphane Rials e Jean Tulard
761. **A crise de 1929** – Bernard Gazier
762. **Sigmund Freud** – Edson Sousa e Paulo Endo
763. **Império Romano** – Patrick Le Roux
764. **Cruzadas** – Cécile Morrisson
765. **O mistério do Trem Azul** – Agatha Christie
766. **Os escrúpulos de Maigret** – Simenon
767. **Maigret se diverte** – Simenon
768. **Senso comum** – Thomas Paine
769. **O parque dos dinossauros** – Michael Crichton
770. **Trilogia da paixão** – Goethe
771. **A simples arte de matar** (vol.1) – R. Chandler
772. **A simples arte de matar** (vol.2) – R. Chandler
773. **Snoopy: No mundo da lua! (8)** – Charles Schul
774. **Os Quatro Grandes** – Agatha Christie
775. **Um brinde de cianureto** – Agatha Christie
776. **Súplicas atendidas** – Truman Capote
777. **Ainda restam aveleiras** – Simenon
778. **Maigret e o ladrão preguiçoso** – Simenon
779. **A viúva imortal** – Millôr Fernandes
780. **Cabala** – Roland Goetschel
781. **Capitalismo** – Claude Jessua
782. **Mitologia grega** – Pierre Grimal
783. **Economia: 100 palavras-chave** – Jean-Pa Betbèze
784. **Marxismo** – Henri Lefebvre
785. **Punição para a inocência** – Agatha Christie
786. **A extravagância do morto** – Agatha Christie
787(13). **Cézanne** – Bernard Fauconnier
788. **A identidade Bourne** – Robert Ludlam
789. **Da tranquilidade da alma** – Sêneca
790. **Um artista da fome** *seguido de* **Na colôn penal e outras histórias** – Kafka
791. **Histórias de fantasmas** – Charles Dickens
792. **A louca de Maigret** – Simenon
793. **O amigo de infância de Maigret** – Simenon
794. **O revólver de Maigret** – Simenon
795. **A fuga do sr. Monde** – Simenon
796. **O Uraguai** – Basílio da Gama
797. **A mão misteriosa** – Agatha Christie
798. **Testemunha ocular do crime** – Agatha Christ
799. **Crepúsculo dos ídolos** – Friedrich Nietzsche
800. **Maigret e o negociante de vinhos** – Simem
801. **Maigret e o mendigo** – Simenon
802. **O grande golpe** – Dashiell Hammett
803. **Humor barra pesada** – Nani
804. **Vinho** – Jean-François Gautier
805. **Egito Antigo** – Sophie Desplancques
806(14). **Baudelaire** – Jean-Baptiste Baronian
807. **Caminho da sabedoria, caminho da paz** Dalai Lama e Felizitas von Schönborn
808. **Senhor e servo e outras histórias** – Tolstó
809. **Os cadernos de Malte Laurids Brigge** – Ri
810. **Dilbert (5)** – Scott Adams
811. **Big Sur** – Jack Kerouac
812. **Seguindo a correnteza** – Agatha Christie
813. **O álibi** – Sandra Brown
814. **Montanha-russa** – Martha Medeiros

815. **Coisas da vida** – Martha Medeiros
816. **A cantada infalível** seguido de **A mulher do centroavante** – David Coimbra
817. **Maigret e os crimes do cais** – Simenon
818. **Sinal vermelho** – Simenon
819. **Snoopy: Pausa para uma soneca (9)** – Charles Schulz
820. **De pernas pro ar** – Eduardo Galeano
821. **Tragédias gregas** – Pascal Thiercy
822. **Existencialismo** – Jacques Colette
823. **Nietzsche** – Jean Granier
824. **Amar ou depender?** – Walter Riso
825. **Darmapada: A doutrina budista em versos**
826. **J'Accuse...! – a verdade em marcha** – Zola
827. **Os crimes ABC** – Agatha Christie
828. **Um gato entre os pombos** – Agatha Christie
829. **Maigret e o sumiço do sr. Charles** – Simenon
830. **Maigret e a morte do jogador** – Simenon
831. **Dicionário de teatro** – Luiz Paulo Vasconcellos
832. **Cartas extraviadas** – Martha Medeiros
833. **A longa viagem de prazer** – J. J. Morosoli
834. **Receitas fáceis** – J. A. Pinheiro Machado
835. (14).**Mais fatos & mitos** – Dr. Fernando Lucchese
836. (15).**Boa viagem!** – Dr. Fernando Lucchese
837. **Aline: Finalmente nua!!! (4)** – Adão Iturrusgarai
838. **Mônica tem uma novidade!** – Mauricio de Sousa
839. **Cebolinha em apuros!** – Mauricio de Sousa
840. **Sócios no crime** – Agatha Christie
841. **Bocas do tempo** – Eduardo Galeano
842. **Orgulho e preconceito** – Jane Austen
843. **Impressionismo** – Dominique Lobstein
844. **Escrita chinesa** – Viviane Alleton
845. **Paris: uma história** – Yvan Combeau
846. (15).**Van Gogh** – David Haziot
847. **Maigret e o corpo sem cabeça** – Simenon
848. **Portal do destino** – Agatha Christie
849. **O futuro de uma ilusão** – Freud
850. **O mal-estar na cultura** – Freud
851. **Maigret e o matador** – Simenon
852. **Maigret e o fantasma** – Simenon
853. **Um crime adormecido** – Agatha Christie
854. **Satori em Paris** – Jack Kerouac
855. **Medo e delírio em Las Vegas** – Hunter Thompson
856. **Um negócio fracassado e outros contos de humor** – Tchékhov
857. **Mônica está de férias!** – Mauricio de Sousa
858. **De quem é esse coelho?** – Mauricio de Sousa
859. **O burgomestre de Furnes** – Simenon
860. **O mistério Sittaford** – Agatha Christie
861. **Manhã transfigurada** – Luiz Antonio de Assis Brasil
862. **Alexandre, o Grande** – Pierre Briant
863. **Jesus** – Charles Perrot
864. **Islã** – Paul Balta
865. **Guerra da Secessão** – Farid Ameur
866. **Um rio que vem da Grécia** – Cláudio Moreno
867. **Maigret e os colegas americanos** – Simenon
868. **Assassinato na casa do pastor** – Agatha Christie
869. **Manual do líder** – Napoleão Bonaparte
870. (16).**Billie Holiday** – Sylvia Fol
871. **Bidu arrasando!** – Mauricio de Sousa
872. **Desventuras em família** – Mauricio de Sousa
873. **Liberty Bar** – Simenon
874. **E no final a morte** – Agatha Christie
875. **Guia prático do Português correto – vol. 4** – Cláudio Moreno
876. **Dilbert (6)** – Scott Adams
877. (17).**Leonardo da Vinci** – Sophie Chauveau
878. **Bella Toscana** – Frances Mayes
879. **A arte da ficção** – David Lodge
880. **Striptiras (4)** – Laerte
881. **Skrotinhos** – Angeli
882. **Depois do funeral** – Agatha Christie
883. **Radicci 7** – Iotti
884. **Walden** – H. D. Thoreau
885. **Lincoln** – Allen C. Guelzo
886. **Primeira Guerra Mundial** – Michael Howard
887. **A linha de sombra** – Joseph Conrad
888. **O amor é um cão dos diabos** – Bukowski
889. **Maigret sai em viagem** – Simenon
890. **Despertar: uma vida de Buda** – Jack Kerouac
891. (18).**Albert Einstein** – Laurent Seksik
892. **Hell's Angels** – Hunter Thompson
893. **Ausência na primavera** – Agatha Christie
894. **Dilbert (7)** – Scott Adams
895. **Ao sul de lugar nenhum** – Bukowski
896. **Maquiavel** – Quentin Skinner
897. **Sócrates** – C.C.W. Taylor
898. **A casa do canal** – Simenon
899. **O Natal de Poirot** – Agatha Christie
900. **As veias abertas da América Latina** – Eduardo Galeano
901. **Snoopy: Sempre alerta! (10)** – Charles Schulz
902. **Chico Bento: Plantando confusão** – Mauricio de Sousa
903. **Penadinho: Quem é morto sempre aparece** – Mauricio de Sousa
904. **A vida sexual da mulher feia** – Claudia Tajes
905. **100 segredos de liquidificador** – José Antonio Pinheiro Machado
906. **Sexo muito prazer 2** – Laura Meyer da Silva
907. **Os nascimentos** – Eduardo Galeano
908. **As caras e as máscaras** – Eduardo Galeano
909. **O século do vento** – Eduardo Galeano
910. **Poirot perde uma cliente** – Agatha Christie
911. **Cérebro** – Michael O'Shea
912. **O escaravelho de ouro e outras histórias** – Edgar Allan Poe
913. **Piadas para sempre (4)** – Visconde da Casa Verde
914. **100 receitas de massas light** – Helena Tonetto
915. (19).**Oscar Wilde** – Daniel Salvatore Schiffer
916. **Uma breve história do mundo** – H. G. Wells
917. **A Casa do Penhasco** – Agatha Christie
918. **Maigret e o finado sr. Gallet** – Simenon
919. **John M. Keynes** – Bernard Gazier
920. (20).**Virginia Woolf** – Alexandra Lemasson
921. **Peter e Wendy** seguido de **Peter Pan em Kensington Gardens** – J. M. Barrie
922. **Aline: numas de colegial (5)** – Adão Iturrusgarai
923. **Uma dose mortal** – Agatha Christie
924. **Os trabalhos de Hércules** – Agatha Christie
925. **Maigret na escola** – Simenon
926. **Kant** – Roger Scruton
927. **A inocência do Padre Brown** – G.K. Chesterton
928. **Casa Velha** – Machado de Assis

929. **Marcas de nascença** – Nancy Huston
930. **Aulete de bolso**
931. **Hora Zero** – Agatha Christie
932. **Morte na Mesopotâmia** – Agatha Christie
933. **Um crime na Holanda** – Simenon
934. **Nem te conto, João** – Dalton Trevisan
935. **As aventuras de Huckleberry Finn** – Mark Twain
936(21). **Marilyn Monroe** – Anne Plantagenet
937. **China moderna** – Rana Mitter
938. **Dinossauros** – David Norman
939. **Louca por homem** – Claudia Tajes
940. **Amores de alto risco** – Walter Riso
941. **Jogo de damas** – David Coimbra
942. **Filha é filha** – Agatha Christie
943. **M ou N?** – Agatha Christie
944. **Maigret se defende** – Simenon
945. **Bidu: diversão em dobro!** – Mauricio de Sousa
946. **Fogo** – Anaïs Nin
947. **Rum: diário de um jornalista bêbado** – Hunter Thompson
948. **Persuasão** – Jane Austen
949. **Lágrimas na chuva** – Sergio Faraco
950. **Mulheres** – Bukowski
951. **Um pressentimento funesto** – Agatha Christie
952. **Cartas na mesa** – Agatha Christie
953. **Maigret em Vichy** – Simenon
954. **O lobo do mar** – Jack London
955. **Os gatos** – Patricia Highsmith
956(22). **Jesus** – Christiane Rancé
957. **História da medicina** – William Bynum
958. **O Morro dos Ventos Uivantes** – Emily Brontë
959. **A filosofia na era trágica dos gregos** – Nietzsche
960. **Os treze problemas** – Agatha Christie
961. **A massagista japonesa** – Moacyr Scliar
962. **A taberna dos dois tostões** – Simenon
963. **Humor do miserê** – Nani
964. **Todo o mundo tem dúvida, inclusive você** – Édison Oliveira
965. **A dama do Bar Nevada** – Sergio Faraco
966. **O Smurf Repórter** – Peyo
967. **O Bebê Smurf** – Peyo
968. **Maigret e os flamengos** – Simenon
969. **O psicopata americano** – Bret Easton Ellis
970. **Ensaios de amor** – Alain de Botton
971. **O grande Gatsby** – F. Scott Fitzgerald
972. **Por que não sou cristão** – Bertrand Russell
973. **A Casa Torta** – Agatha Christie
974. **Encontro com a morte** – Agatha Christie
975(23). **Rimbaud** – Jean-Baptiste Baronian
976. **Cartas na rua** – Bukowski
977. **Memória** – Jonathan K. Foster
978. **A abadia de Northanger** – Jane Austen
979. **As pernas de Úrsula** – Claudia Tajes
980. **Retrato inacabado** – Agatha Christie
981. **Solanin (1)** – Inio Asano
982. **Solanin (2)** – Inio Asano
983. **Aventuras de menino** – Mitsuru Adachi
984(16). **Fatos & mitos sobre sua alimentação** – Dr. Fernando Lucchese
985. **Teoria quântica** – John Polkinghorne
986. **O eterno marido** – Fiódor Dostoiévski
987. **Um safado em Dublin** – J. P. Donleavy
988. **Mirinha** – Dalton Trevisan
989. **Akhenaton e Nefertiti** – Carmen Seganfredo e A. S. Franchini
990. **On the Road – o manuscrito original** – Jack Kerouac
991. **Relatividade** – Russell Stannard
992. **Abaixo de zero** – Bret Easton Ellis
993(24). **Andy Warhol** – Mériam Korichi
994. **Maigret** – Simenon
995. **Os últimos casos de Miss Marple** – Agatha Christie
996. **Nico Demo** – Mauricio de Sousa
997. **Maigret e a mulher do ladrão** – Simenon
998. **Rousseau** – Robert Wokler
999. **Noite sem fim** – Agatha Christie
1000. **Diários de Andy Warhol (1)** – Editado por Pat Hackett
1001. **Diários de Andy Warhol (2)** – Editado por Pat Hackett
1002. **Cartier-Bresson: o olhar do século** – Pierre Assouline
1003. **As melhores histórias da mitologia: vol. 1** – A.S. Franchini e Carmen Seganfredo
1004. **As melhores histórias da mitologia: vol. 2** – A.S. Franchini e Carmen Seganfredo
1005. **Assassinato no beco** – Agatha Christie
1006. **Convite para um homicídio** – Agatha Christie
1007. **Um fracasso de Maigret** – Simenon
1008. **História da vida** – Michael J. Benton
1009. **Jung** – Anthony Stevens
1010. **Arsène Lupin, ladrão de casaca** – Maurice Leblanc
1011. **Dublinenses** – James Joyce
1012. **120 tirinhas da Turma da Mônica** – Mauricio de Sousa
1013. **Antologia poética** – Fernando Pessoa
1014. **A aventura de um cliente ilustre** *seguido de* **O último adeus de Sherlock Holmes** – Sir Arthur Conan Doyle
1015. **Cenas de Nova York** – Jack Kerouac
1016. **A corista** – Anton Tchékhov
1017. **O diabo** – Leon Tolstói
1018. **Fábulas chinesas** – Sérgio Capparelli e Márcia Schmaltz
1019. **O gato do Brasil** – Sir Arthur Conan Doyle
1020. **Missa do Galo** – Machado de Assis
1021. **O mistério de Marie Rogêt** – Edgar Allan Poe
1022. **A mulher mais linda da cidade** – Bukowski
1023. **O retrato** – Nicolai Gogol
1024. **O conflito** – Agatha Christie
1025. **Os primeiros casos de Poirot** – Agatha Christie
1026. **Maigret e o cliente de sábado** – Simenon
1027(25). **Beethoven** – Bernard Fauconnier
1028. **Platão** – Julia Annas
1029. **Cleo e Daniel** – Roberto Freire
1030. **Til** – José de Alencar
1031. **Viagens na minha terra** – Almeida Garrett
1032. **Profissões para mulheres e outros artigos feministas** – Virginia Woolf
1033. **Mrs. Dalloway** – Virginia Woolf
1034. **O cão da morte** – Agatha Christie
1035. **Tragédia em três atos** – Agatha Christie
1036. **Maigret hesita** – Simenon
1037. **O fantasma da Ópera** – Gaston Leroux